品读百科 Pindu

Juemei De Diqiu Qiguan Shengjing

绝美的地球
奇观胜景

主编：崔钟雷

北方联合出版传媒（集团）股份有限公司
万卷出版公司

绝美的地球奇观胜景

品读百科

Pin Du Bai Ke

Juemei De Diqiu Qiguan Shengjing

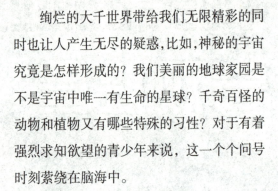

前　言

　　绚烂的大千世界带给我们无限精彩的同时也让人产生无尽的疑惑,比如,神秘的宇宙究竟是怎样形成的？我们美丽的地球家园是不是宇宙中唯一有生命的星球？千奇百怪的动物和植物又有哪些特殊的习性？对于有着强烈求知欲望的青少年来说，这一个个问号时刻萦绕在脑海中。

　　梁启超说:少年强则中国强。青少年必须承担起振兴祖国的历史重任，所以为他们打开知识的大门，放飞他们想象的翅膀是我们的职责和心愿。将宇宙天地间的万千奥妙汇集成书，引领青少年探索知识的海洋就是我们毕生努力的目标。

　　有鉴于此，我们精心编纂了这套《品读百科》系列丛书，其中包括《绝美的地球奇观胜景》、《神奇世界全知道》和《奥秘天下百科全书》,力求将知识的趣味性、实用性、时代性等特点充分融合,奉献给青少年最新颖、最全面、最准确、最时尚的知识信息。

本书摆脱了传统的文字叙述方式,代以精美的实景图片和通俗易懂的图解注释,深入浅出地介绍每一个知识点,是一部极具实用价值和阅读趣味的图书。现在就让我们打开这套图书,叩响知识的大门,准备扬帆远航吧!

编者

目录 · CONTENTS >>>

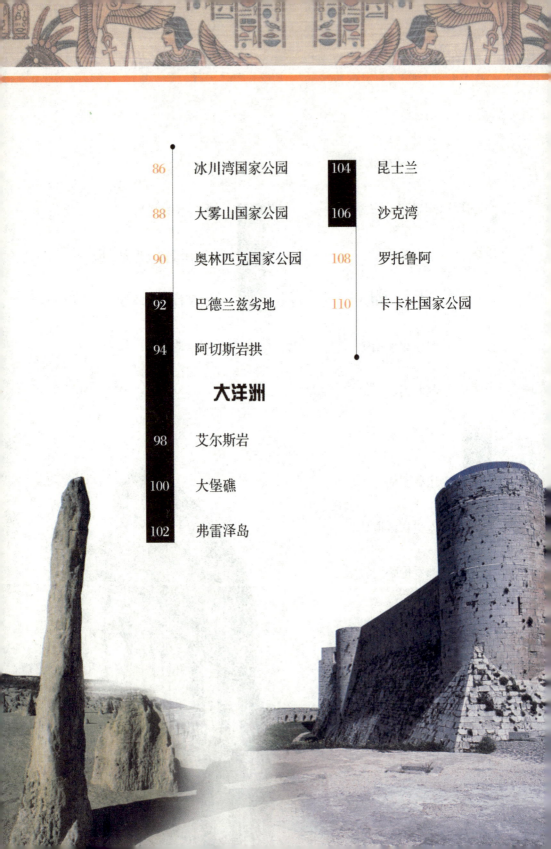

品读百科

Juemei De Diqiu Qiguan Shengjing

|绝美的地球奇观胜景|

1

亚洲

Yazhou

三峡

PIN DU BAI KE

长江浩荡奔流，横穿巫山，气势磅礴，形成了奇伟、雄险的长江三峡。景色秀丽的三峡是巫峡、瞿塘峡、西陵峡的合称。古往今来，无数的文人墨客，为三峡壮丽的风光留下众多美丽的诗篇……

长江三峡是我国长江上一段山水壮丽的大峡谷，居中国 40 佳旅游景观之首，是中国十大风景名胜之一。三峡西起重庆白帝城，东到湖北南津关，由瞿塘峡、巫峡、西陵峡组成，全长 193 千米，这是常说的"大三峡"。它是长江风光的精华、神州山水的瑰宝，古往今来，闪烁着迷人的光彩。长江三段峡谷中的大宁河、香溪、神农溪的神奇与古朴，使这驰名世界的山水画廊气象万千。三峡的一山一水，一景一物，无不如诗如画，并伴随着许多美丽和动人的传说。

长江三峡人杰地灵，不仅是风景胜地，还是文化之源。悠久的文化同旖旎的山水风光交相辉映，名扬四海。这里有许多著名的名胜古迹：如白帝城、南津关等。大峡深谷，曾是三国古战场，是无数英雄豪杰挥戈相向之地；著名的大溪文化，在历史的长河中闪烁着奇光异彩。

长江三峡两岸均为悬崖绝壁，江中滩峡相间，水流湍急，风光奇绝。两面陡峭连绵的山峰，一般高出江面 700~800 米。江面最窄处有一百米左右，随着规模巨大的三峡工程的破土动工，这里成了世界知名的旅游点。

三峡旅游区美景很多，其中著名的就有丰都鬼城、忠县石宝寨、云阳张飞庙、瞿塘峡、巫峡、西陵峡等。巫峡的秀丽，西陵峡的险峻，瞿塘峡的雄伟，还有三段峡谷中的大宁河、香溪、神奇与古朴的神农溪；这里的溶洞奇形怪状，空旷深邃，神秘莫测；这里的江水汹涌奔腾，惊涛拍岸，百折不回。

瞿塘峡是长江三峡之一，西起奉节县白帝山，东至巫山县大溪镇，全长 8 千米，是三峡中最短的但又是最雄伟险峻的一个峡谷。瞿塘峡两端入口处，两岸断崖壁立，相距不足 100 米，形如门户，名夔门，也称瞿塘峡关，山岩上有"夔门天下雄"五个大字。古人形容瞿塘峡："岸与天关接，

● 瞿塘峡

古往今来，众多文人墨客都被三峡的风采所倾倒，唐代大诗人李白就写下过这样优美的诗句："朝辞白帝彩云间，千里江陵一日还。两岸猿声啼不住，轻舟已过万重山。"

知识宝库

三峡工程是中国规模最大的水利枢纽工程，也是世界上装机容量最大的水电站。其坝址位于湖北省宜昌三斗坪，位于长江三峡中的西陵峡。坝址处多年平均水流量为 14 300 立方米/秒，基岩为完整坚硬的花岗岩。

舟从地窟行。"

巫峡在四川巫山和湖北巴东两县境内，西起巫山县城东面的大宁河口，东至巴东县官渡口，绵延45千米，包括金盔银甲峡和铁棺峡，峡谷特别幽深曲折，是长江横切巫山主脉背斜而形成的。整个峡区奇峰突兀，怪石嶙峋，绵延不断，是三峡中最具观赏性的一段，宛如一条迂回曲折的画廊，充满诗情画意。可以说巫峡是处处有景，景景相连。巫山十二峰屹立在巫山南北两岸，是巫峡风光中的胜景，其中以俏丽动人的神女峰最为迷人，历代多情的文人墨客为神女峰注入了丰富多彩的文化灵魂，深深地吸引着游人。

西陵峡在湖北秭归、宜昌两县境内，西起巴东县官渡口，东至宜昌县南津关，全长120千米，是长江三峡中最长的一个，且以滩多水急而闻名。西陵峡可分东西两段，两段峡谷之间为庙南宽谷，峡谷、宽谷各占一半。西段包括兵书宝剑峡、牛肝马肺峡和崆岭峡；东段则分黄猫峡和灯影峡（即明月峡）。峡中有川江五大险滩之中的青滩和崆岭滩。整个峡区由高山峡谷和险滩礁石组成，峡中有峡，大峡套小峡；滩中有滩，大滩含小滩。

兵书宝剑峡在长江北岸，有一沓层次分明的岩石，看起来就像一堆厚书，还有一根上粗下尖的石柱，竖直指向江中，非常像是一把宝剑，传说此处是诸葛亮存放兵书和宝剑的地方，峡名由此而来。

万里长江劈山开岭、冲过激流险滩，出南津关后，就进入了江汉平原。江面由300米一下子拓宽到2 200米，展现在大家面前的是一幅千舟竞发、绿野无垠的美丽画卷。

珠穆朗玛峰

PIN DU BAI KE

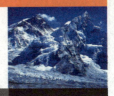

世界第一高峰——珠穆朗玛峰，高高矗立在喜马拉雅山脉上。耸入云霄的峰顶终年白雪皑皑，云遮雾绕，神秘莫测，一直以来，它被人们尊为圣山。雄伟壮观、巍峨挺拔的珠穆朗玛峰，沉默地见证着自然界的沧海桑田。

珠穆朗玛峰，简称珠峰，位于中国和尼泊尔交界的喜马拉雅山脉上。珠峰海拔高 8 844.43 米。喜马拉雅山脉和珠穆朗玛峰都是以藏语命名的，"喜马拉雅"在藏语中是"冰雪之乡"的意思，缘于山脉常年积雪，云雾缭绕；而"珠穆朗玛"藏语意为"女神第三"。在神话中，珠穆朗玛峰是天女居住的宫室，因此珠峰也被称作"圣女峰"。

珠穆朗玛峰是喜马拉雅山脉上最高的山峰，山体呈巨型金字塔状，地形极端险峻，环境异常复杂。峰顶空气稀薄，空气的含氧量很低，只有东部平原的四分之一左右，还经常刮大风，一般是7~8级风，12级大风也不是很罕见。由于海拔极高，珠峰峰顶的最低气温常年低于–30℃，山上的一些地方常年积雪不化，形成了冰川。每当旭日东升，巨大的冰峰在红光照耀下折射出七彩光线，绚丽非凡。除此之外，冰川上还有许多奇特的自然景观，如千姿百态、瑰丽罕见的冰塔林；高达数十米的冰陡崖和步步陷阱的明暗冰裂隙；还有险象环生的冰崩、雪崩区。虽然这里布满危险，但世界各地的游客却在此流连忘返。

珠峰气势磅礴、威武雄壮，在它周围的20平方千米范围内，群峰林立，层峦叠嶂。较著名的有洛子峰(世界第四高峰，海拔 8 463 米)和卓穷峰(海拔 7 589 米)等。在这些巨峰的外围，还有许多世界级的高峰与之遥遥相望：东南方向有干城章嘉峰(世界第三高峰，海拔 8 585 米，位于尼泊尔和锡金的交界)；西面有格重康峰(海拔 7 998 米)、卓奥友峰(海拔 8 201 米)和希夏邦马峰(海拔 8 012 米)。众峰相对而立，形成了群峰来朝、"峰涛汹涌"的壮阔场面。

珠峰的云

人们对飘浮在珠峰顶部的云彩十分感兴趣。这云彩好像是在峰顶上飘扬着的一面旗帜，因此这种云被形象地称为旗帜云或旗状云。

珠峰地区及其附近高峰的气候复杂多变，一年四季之间的气候、气温变幻莫测，即使在短短的时间之内也可能翻云覆雨。但大体上来说，每年6月初至9月中旬是雨季，强烈的东南季风造成恶劣的气候，暴雨频繁、云雾弥漫、冰雪肆虐无常。每年的11月中旬至第二年2月中旬，受强劲的西北寒流控制，气温最低时可达 –60℃，平均气温也在 –50℃~–40℃，最大风速达90米／秒。在一年中只有两段时间是游览登山的好时候：第一段是3月初~5月末，第二段是9月初~10月末，然而在这两段时期，天气状况也很不确定，实际上适合游览的好天气也就二十天左右。

虽然自然环境十分恶劣，但在这样酷寒的山脉中仍然有许多珍稀物种存在。1989年3月，珠穆朗玛峰国家自然保护区宣告成立，保护区面积3.38万平方千米。区内珍稀、濒危生物物种极其丰富，里面有8种国家一级保护动物，如长尾灰叶猴、熊猴、喜马拉雅塔尔羊、金钱豹等等，黑熊和红熊猫也是喜马拉雅山珍贵的动物物种。

珠峰一直是世界登山家和科学家向往的地方。但是由于条件太过恶劣，这座山峰曾被人们认为是生命的禁区，多个世纪以来，都是可望而不可即的地方。从1921年英国登山队正式攀登珠峰开始，世界各地的优秀登山家曾经多次尝试接近这座伟大的山峰，直到1953年5月29日，英国登山队的新西兰人希拉里和尼泊尔人丹增·诺盖由尼泊尔一侧（即珠峰南侧）攀登珠峰成功，这是第一次有人站在了世界之巅的顶峰。正应了中国的一句古话："万事开头难"。

在1960年5月25日凌晨4时20分，登山运动员王富洲、贡布（藏族）、屈银华由珠峰北侧成功登上这地球最高峰，这是中国人第一次登上珠峰，也是人类历史上第一次从北侧登上地球之巅。

知识宝库

板块运动是一板块对另一板块的相对运动，其运动方式是绕一个极点发生转动，其运动轨迹为小圆。板块运动的驱动力一般认为来自地球内部，最可能是地幔中的物质对流。

黄山

PIN DU BAI KE

以"四绝"冠绝天下的黄山，素有"中国第一奇山"之称。其实黄山的秀丽风景并不只有奇松、怪石、温泉、云海，还有峻峭、挺拔的神峰——莲花峰，有奇、有险，威严壮观。黄山集天下名山之所长，堪称山之传奇。

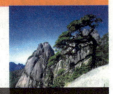

中国山水画中，多以崇山峻岭、飞瀑流泉及苍松翠柏为主题，人们经常被这些意境深远的美景所吸引而心醉神往。黄山的美，更让它成为众多山水画家的首选，因此，亦真亦幻的黄山美景早已闻名中外。黄山位于安徽省黄山市。它被称作"中国第一名山"。著名的地理学家徐霞客的评语"五岳归来不看山，黄山归来不看岳"，成了对黄山的最佳诠释。

莲花峰是黄山海拔最高的山峰，海拔 1 873 米，主峰如蕊心，四周的石峰层次分明，像花瓣一样向蕊心集中，远远看去就像向天际开放的莲花。

"天都"指"天上都会"，也就是天仙聚会的地方。天都峰四面峭直，共有一千五百多个石阶，台阶十分陡峭，有的地方甚至呈 90°的直角。

说起黄山，不可不说"黄山四绝"。

第一绝，怪石嶙峋。正是在这怪石的千变万化之间才能体会到黄山的独特。

黄山怪石向来以"深、险、奇、幽"闻名，而且每峰皆有怪石，怪石有的像人，有的像物，还有的像可爱的小动物，也有的什么也不像，只是形状奇特美丽。怪石还被人们起了有趣的名字，例如"关公挡曹"、"骆驼钟"、"金鸡叫天门"、"猪八戒抱西瓜"等等，趣味盎然。

第二绝，奇松。黄山的美，还在奇松的苍劲奇秀。

黄山松，以石为母，顽强地扎根于巨岩裂隙中，是由黄山独特地貌和气候中形成的中国松树的一种变体。黄山的松树

黄山松针叶粗短，苍翠浓密，干曲枝虬，千姿百态。或倚岸挺拔，或独立峰巅，或倒悬绝壁，或冠平如盖，或尖削似剑。有的循崖度壑，绕石而过；有的穿罅穴缝，破石而出。

数量多且姿态迥异，达百岁以上的松树约有万株，大多生长在800米以上的高山峭壁上。黄山松的根深植盘错，使得松树能在绝崖断壁上生长，也能攀附在峭直的石壁上，独立不坠。黄山松中最著名的要数玉屏楼前的迎客松，它就立在门楼前，倾向一方，像个热切迎客的主人。此松号称黄山第一名松，已逾千岁，与附近的陪客松、望客松、送客松组成黄山迎送客人的殷勤主人，非常有趣。

第三绝，云海。云海缥缈翻腾间，黄山之美尽现。

大凡高山，都可以见到云海，但是黄山是云雾之乡，以峰为体，以云为衣，其瑰丽壮观的云海以美、胜、奇、幻享誉古今，黄山的云海以"善变"著称，翻腾汹涌的云海，像海浪起伏，有人索性将黄山唤作"黄海"。轻柔、飘逸的云海，有人将它比作黄山的裙带，称它为山的化妆师。云

知识宝库

黄山奇花异草，珍禽异兽种类繁多，有植物两千多种，其中，属于国家一级保护树种的有香果树、金钱松、黄山松、黄山杜鹃等。有动物三百多种，其中，梅花鹿、黑鹿、毛冠鹿、苏门羚等14种为国家级保护动物。

海在山中穿梭缭绕时，使得松树、奇石神幻飘然，若隐若现。著名的"蓬莱三岛"就是在这样虚幻的景象中出现的。

依云海的分布方位，全山有东海、南海、西海、北海和天海，而登莲花峰、天都峰、光明顶则可尽收诸海于眼底，领略"海到尽头天作岸，山登绝顶我为峰"之胜景。在黄山观云海有这么一说，欲观前海得上玉屏楼，想观后海得上清凉台；要观东海得上白鹅岭；想观西海得上排云亭；要观天海就得到光明顶了。其中以玉屏楼前的前海最为壮观，而天海的云由天际而来。

第四绝，温泉。

黄山"四绝"之一的温泉，古称汤泉，源头就在海拔850米的紫云峰下，泉水含重碳酸，可饮可浴。《黄山图经》记载，中华民族的始祖轩辕黄帝曾经在这里沐浴，消除皱纹，返老还童，羽化飞升，因此这里的温泉声名大噪，被称为"灵泉"。返老还童自然是传说，但是温泉确实对人的身体很有益处。

云海

当人们登上黄山之巅，看到的是漫无边际的云，如临大海之滨，波起峰涌，浪花飞溅，惊涛拍岸。人们因此称这一现象为"云海"。

泰山

PIN DU BAI KE

"五岳之首"的泰山，从齐鲁大地上拔地而起，直入云霄，那磅礴的气势，是"五岳独尊"的王者风范。泰山四季美景不断，风光无限，四大奇观"晚霞夕照"、"黄河玉带"、"泰山日出"、"云海玉盘"更是世界闻名的奇景。

泰山位于山东省中部，古称"岱山"，又名"岱宗"，春秋时始称"泰山"。到泰山，既可以饱览历史文化的精品，又可以领略大自然的神奇之美。异峰突起在华北大地上的泰山，山势突兀挺拔，气势磅礴，颇有"擎天捧日"之势，通常被人们看作是崇高、伟大的象征，成为中华民族的骄傲。1987 年被列入《世界自然文化遗产名录》。

"五岳之首"的泰山，是灿烂的东方文化的缩影，是中华民族的象征，是"天人合一"思想的寄托之地。泰山也是我国唯一受过皇帝封禅的名山。

泰山风景旅游区包括旷区、幽区、妙区、丽区、秀区、奥区六大风景区。

泰山旷区位于大众桥过黑龙潭沿西溪桥至中天门。旷区主要的景观有长寿桥、无极庙、黄溪河、黑龙潭、元始天尊庙、扇子崖、白龙池、天胜寨等。

泰山幽区绿荫环绕，一步一景，令人目不暇接，位于岱庙沿中路至南天门之间，是最富盛名

泰山日出 ●

泰山日出是泰山最壮观的奇景之一。黎明时分，日轮掀开了云幕，像一个飘荡的宫灯，冉冉升到天际，顷刻间，金光四射，群峰尽染，好一派壮观而神奇的海上日出景观。

十八盘共 1 540 级石阶，是泰山盘路中最险要的一段，也是泰山的主要标志之一。

的登山线路。主要景点包括壶天阁、中天门、云步桥、五松亭、岱宗坊、关帝庙等。

过了十八盘，登上南天门，就进入了泰山妙区，即岱顶游览区。妙区虽地势平坦，却是别有洞天，景色格外宜人。

泰山丽区就是泰山山麓及泰城游览区，该区是不需要登山就可以感受泰山之美的去处。丽区山水相映，古刹幽深，风光无限。

泰山的秀区在泰山的西麓，主要包括桃花峪景区、樱桃园景区等。桃花峪深幽静谧，景色奇秀，有一条索道直通主峰。

由泰山极顶往后山乘索道可达泰山奥区，奥区是以后石坞为中心的景区，怪石嶙峋，古松竞奇，峰雄岩壮，鸟语花香，真是美不胜收。

游泰山要看四个奇观：晚霞夕照、黄河金带、泰山日出、云海玉盘。

晚霞夕照——当雨过天晴，天高气爽，夕阳西下的时候，若漫步泰山极顶，仰望西天：朵朵残云如峰似峦，一道道金光穿云破雾，直泻人间。

黄河金带——这个美景在古代比较容易看到。现在由于工业化生产的污染、自然植被的破坏，其能见度已大大降低，黄河金带的奇观今非昔比了。现在一般只能在秋高气爽的时节，于夕阳西下时举目远眺，在泰山的西北边，层层峰峦的尽头，隐隐约约还可看到黄河就像一条金色的飘带闪闪发光。

泰山日出——岱顶奇观之一。拂晓，天晴气朗，东方一线晨曦由灰暗变淡黄，又由淡黄变成橘红。满天彩霞与地平线上的茫茫雾气连为一体，云霞雾霭相映，犹如巨幅油画从天而降。

云海玉盘——游过名山的人都知道，泰山雄刚气昂，独尊天下，而很少有人知道泰山的云雾，更难想象出云雾中的泰山。不过，要识泰山真面目，还得到泰山云雾中游一次，醉一回。站在岱顶，俯瞰下界，可见片片白云与滚滚乌云融为一体，汇成滔滔奔流的"大海"，气势磅礴，令人心潮起伏。

知识宝库

泰山文物古迹甚众，殿、庑、楼、阁、亭、台星罗棋布。主要的建筑达二十余处。岱宗坊、王母池、南天门、碧霞祠、普照寺等都极为有名。而其中的南天门建于元世祖中统五年（1264年），为泰山十八盘顶端，被视为泰山的标志。

九寨沟

PIN DU BAI KE

人间仙境九寨沟,尤以水闻名天下,其有"黄山归来不看山,九寨归来不看水"之说。九寨沟集所有美景于一身:神秘莫测的湖泊,妙绝天下的瀑布,晶莹的雪峰,茂密的森林,色彩明丽多变。

九寨沟号称人间仙境,位于我国四川省阿坝藏族羌族自治州南坪县境内,是白水江上游的白河的支沟。九寨沟纵深四十多千米,总面积六百多平方千米,三条主沟呈"Y"形分布,总长达六十余千米。由于交通不太方便,这里几乎成了一个与世隔绝的地方。仅有九个藏族村寨坐落在这片崇山峻岭之中,九寨沟因此而得名。

九寨沟平均海拔在2 000米以上,原始森林遍布全沟,沟内分布着108个湖泊。九寨沟有五花海、五彩池、树正瀑布和诺日朗瀑布,五彩缤纷,风景绝佳,有"童话世界"之盛誉。正因其独有的种种原始景观和丰富的动植物资源而被誉为"人间仙境"。

九寨沟的莽莽林海,随着季节的变化,幻化出各种色彩。初春,红、黄、紫、白各色杜鹃点缀其间,之后,山桃花、野梨花相继吐艳,嫩绿的树木新叶夹杂其中,整个林海繁花似锦。盛夏则是绿色的海洋,新绿、翠绿、浓绿、黛绿,各种绿你都能够见到,绿得那样青翠,那样有生命力。深秋时节浅黄色的椴叶、绛红色的枫叶、殷红色的野果,深浅相间,错落有致,在暖色调的衬托下,湖

秋天是九寨沟最为灿烂的季节,五彩斑斓的红叶,彩林倒映在明丽的湖水中。缤纷的落叶在湖光流韵间漂浮。

九寨沟广生箭竹,而箭竹又是大熊猫最喜爱的食物。现在,为保护珍稀的大熊猫,这里已经设立了专门的保护区。

水更加湛蓝。蓝天、白云、雪峰、彩林倒映于湖中，呈现出光怪陆离的水景，整个山区似一幅独具匠心的巨幅油画。到了冬天，白雪皑皑，玉树琼花，银装素裹的九寨沟显得洁白、高雅。

九寨沟是大自然的杰作。如果说世界上真的有人间仙境，那必然就是九寨沟。九寨沟的景点有很多，如宝镜岩、盆景滩、芦苇海、五彩池、镜海、犀牛海和长海等。九寨沟的景观主要分布在树正、诺日朗、剑岩、长海、扎如、天海这6大景区内，并以3沟、118海为代表，包括5滩、12瀑、10流等主要景点，与9寨、12峰联合组成高山河谷自然景观。九寨沟动植物资源丰富，种类繁多。有大熊猫等十多种稀有、珍贵的野生动物栖息在这里。

在日则沟有几处瀑布最为有名。宽310米、高28米的珍珠滩瀑布和珍珠滩相连，瀑面呈新月形，宽阔的水帘似拉开的巨大环形银幕，瀑声雷鸣，飞珠溅玉，气势磅礴。珍珠滩瀑布就像一面巨大晶莹的珠帘，从陡峭的断层飞泻而下，"滚滚银花足下踩，万顷珍珠涌入怀"就是形容置身于这流琼飞玉的瀑布前的真实感受的诗句。高78米、宽50米的熊猫湖瀑布，是九寨沟落差最大的瀑布，在寒冷的冬季则成为璀璨耀眼的冰晶世界，蔚为奇观。

妙不可言的五花海远近驰名。湖水一边是翠绿色的，另一边却是湖绿色的，湖底有一丛丛灿烂的珊瑚，在阳光的照射下，五光十色，非常美艳。五花海有"九寨精华"及"九寨一绝"的美名。五花海是九寨沟的骄傲，站在五花海的最高点，也就是在老虎石上俯视，可以饱览五花海全景。

九寨沟是名副其实的山清水秀，水色使山林更加葱郁，山林使水色更加娇艳，绝妙美景，相辅相成。湖水从树丛中层层跌落，形成了罕见的林中瀑布，湖下有瀑布，瀑布再倾泻入下面的湖，湖瀑孪生，层层叠叠，相衔相依。静中有动，动中有静，动静结合，蓝白相间的瀑布构成了宁静翠蓝的湖泊和洁白飞泻并存的奇景。

随着海拔升高，九寨沟的景观也在不断地变化，由低到高，由简到繁，移步换景，且步步引人入胜。九寨沟的景观如同一曲气势磅礴的交响乐，由序幕的平静到高潮的澎湃，给人留下无法忘怀的绝美感受。排列有序的九寨沟景点给人强烈的视觉冲击。作为一个数十平方千米的游览区，九寨沟景点之多，景观之美，观光内容之丰富，在全世界也实属罕见。

知识宝库

九寨沟的植物种类繁多，整个范围内原始森林面积达二百多平方千米。山坡植被垂直带谱保存完整。阔叶树和油松、华山松、黄果冷杉等针叶树混交生长；方杉、箭竹等植物也在此生长。

黄果树 **瀑布** 风景区

对『中国第一瀑布』——黄果树瀑布的称赞。之，而从无此阔而大者。』这是中国古代著名地理学家徐霞客帘钩不卷，匹练挂遥峰』，俱是不足以拟其壮也，高峻数倍者有『捣珠崩玉，飞沫反涌，如烟雾腾空，势甚雄伟，』所谓『珠

黄果树瀑布风景区位于我国贵州省镇宁、关岭两县境内，处在北盘江支流、打帮河上游的白水河上。这个景区以其雄奇壮阔的大瀑布——黄果树瀑布为中心，以连环密布的瀑布群和溶洞、地下湖为主体而闻名于海内外，素有"天下奇景"之称。

黄果树风景区以黄果树大瀑布景区为中心，可以划分为石头寨景区、天星桥景区、滴水滩瀑布景区、霸陵河峡谷三国古驿道景区、陡坡塘景区、郎宫景区等几个独立景区。黄果树风景区获得多种奖励，曾被《中国国家地理》杂志社评为"中国最美丽的地方"，被《人民日报》评为"中国风景名胜区顾客十大满意品牌"，并且荣获了"欧洲游客最喜爱的中国十大景区"的称号。

黄果树大瀑布是瀑布群中最壮观的一个，是世界上唯一可以从上、下、前、后、左、右6个方位观赏的瀑布，也是世界上由水洞自然贯通并能从洞内外听、观、摸的瀑布。

黄果树大瀑布是贵州的第一胜景，中国的第一大瀑布，也是世界上最壮观的瀑布之一。采用全球卫星定位系统等科学手段，测得亚洲最大的瀑布——黄果树大瀑布的实际高度为77.8米，主瀑高约67米，瀑布宽约101米，被《吉尼斯世界纪录》组委会评为世界上最大的瀑布群，因此也被列入了《吉尼斯世界纪录》。

黄果树瀑布落差近74米，河水从断崖顶端凌空飞流而下。随着季节的变化，黄果树瀑布的形态也变化多端：冬天水流较少时，它温柔地轻轻流淌；到了夏天和秋天，水量大增，那撼天动地的磅礴气势简直令人惊心动魄。瀑布后面还有水洞，和《西游记》中的水帘洞有异曲同工之妙。134米长的洞内共有6个洞窗、5个洞厅、3个洞泉和2个洞内瀑布。白天于洞中穿行，可在洞窗内观看洞外的瀑布；夕阳西下时，凭窗眺望，远处犀牛潭的潭水中彩虹缭绕，云蒸霞蔚，苍山顶上一片绯红，变幻

黄果树瀑布闻名海内外，十分壮丽，并享有"中华第一瀑"的盛誉，是除尼亚加拉瀑布和维多利亚瀑布之外的世界第三大瀑布。

迷离，这就是著名的"水帘洞内观日落"。古人说"天空云虹以苍天作衬，犀牛滩云虹以雪白之瀑布衬之"。两景互相映衬，就有了"雪映川霞"的美誉。

黄果树瀑布四周分布的瀑布，如串串珍珠，处处熠熠生辉：位于黄果树瀑布上游的陡坡塘瀑布，是瀑布群中瀑顶最宽的；还有一个从悬崖绝壁洞口喷吐出来的蜘蛛瀑布；汹涌澎湃的龙门、关脚峡瀑布；银丝彩带飞舞的帘带瀑布、大树岩瀑布；落差最大的滴水滩瀑布。这些各具特色的瀑布如众星捧月一般映衬着黄果树瀑布。

在黄果树瀑布下游约六千米处，还有一个景点，叫做天景桥，是由地下河塌陷形成的，宽约三百米的天景桥，在开发前是"养在深闺人未识"，如今一旦展现，人们无不为之倾倒。天景桥内奇峰壁立，瀑布飞泻，有旱石林、水上石林等奇特景观，一块秃石上竟然长满了巨大的仙人掌，令人叹为观止。天景桥还有3个小景点紧密相接，包括天景盆景点、天景洞景点和水上石林景点。

黄果树瀑布景区内风景秀丽、环境优美、空气清新、气候宜人，自古以来它就以奇秀多姿的风光闻名天下，现在更是世界闻名的风景区。

知识宝库

瀑布是从河床纵剖面陡坡悬崖处倾泻下来的水流。主要由水流对河底软硬岩层差别侵蚀或山崩、断层、熔岩阻塞及冰川的差别侵蚀和堆积所造成。瀑布形态主要由造瀑层、瀑下深潭、瀑前峡谷三部分组成。

北京故宫

PIN DU BAI KE

故宫旧称紫禁城，是明、清两代的皇宫。故宫是中国举世无双的古代建筑杰作，也是世界现存最大、最完整的古建筑群。被誉为世界五大宫(北京故宫、法国凡尔赛宫、英国白金汉宫、美国白宫、俄罗斯克里姆林宫)之首。

北京故宫始建于 1406 年，1420 年基本竣工，是由明成祖朱棣下令修建的。故宫的设计者为蒯祥(1397~1481 年，字廷瑞，苏州人)，他的最初设计方案经过了多次的修改与研讨，才最终确定。为了完成这一浩大的工程，明政府征调了 30 万民工，耗时 14 年才最终完成。故宫的建筑面积达 15.5万平方米，占地面积为 72 万多平方米，有房屋 9 999 间半(现存 8 700 余间)，主要建筑是太和殿、中和殿和保和殿，保和殿也是科举考试举行殿试的地方，殿试的第一至第三名分别称状元、榜眼、探花。

故宫建成后，经历了明、清两个王朝，到 1911 年清帝退位的约五百年间，见证了明、清两个朝代共计 24 位皇帝，是明清两朝最高统治核心的代名词。

1911 年辛亥革命爆发，满清末代皇帝宣布退位，按照那时拟定的《清室优待条件》，"逊帝"爱新觉罗·溥仪被允许"暂居宫禁"，即"后寝"部分。1924 年，冯玉祥发动"北京政变"，将溥仪逐出宫禁，同时成立"清室善后委员会"，接管了故宫。1925 年 10 月 10 日宣布故宫博物院正式成立，对外开放。1925 年以后紫禁城才被称为"故宫"。

1961 年，国务院宣布故宫为第一批"全国重点文物保护单位"。从 20 世纪五六十年代起对其进行了大规模的修整。1988 年故宫被联合国教科文组织列为"世界文化遗产"。现改为"故宫博物院"。

直到今天，在世界优秀建筑家的眼中，故宫的设计与建筑，仍是无与伦比的杰作。无论是它的平面布局，立体效果，还是形式上的雄伟、辉煌、庄严、和谐，都显得那样的相得益彰、豪华壮丽。

中国传统的建筑艺术在屋顶形式的表现上是极为丰富多彩的，在故宫建筑中，不同形式的屋顶就达 10 种以上。以三大殿为例，屋顶的建筑就各尽其妙、各不相同。同时，故宫建筑屋顶还铺满着各色琉璃瓦件。主要殿顶以黄色为主，绿色用于皇子居住区的建筑，其他颜色还有蓝、

故宫标志着中国悠久的文化传统,显示着五百多年前匠师们在建筑上的卓越成就。

知识宝库

紫禁城是中国五个多世纪以来的最高权力中心,它以园林景观和容纳了家具及工艺品的 9 000 个房间的庞大建筑群,成为明清时代中国文明无价的历史见证。
——世界遗产评定委员会

紫、黑、翠以及孔雀绿、宝石蓝等,真是色彩缤纷,晶莹剔透。此外,太和殿屋顶当中正脊的两端各有琉璃吻兽,稳重有力地吞住大脊。吻兽造型优美,是构件又是装饰物。一部分瓦件塑造出龙凤、狮子、海马等立体动物形象,象征吉祥和威严,这些构件在建筑上均起到了不可或缺的装饰作用。

故宫的宫殿是沿着一条南北向中轴线排列的。三大殿、后三宫、御花园都位于这条中轴线上,并向两旁对称展开。这条中轴线不仅贯穿在紫禁城内,而且南达永定门,北到鼓楼、钟楼,贯穿了整个城市,气魄宏伟,规划严整,极为壮观。

故宫的前部宫殿设计特点尤为突出,整体建筑造型宏伟壮丽,庭院明朗开阔,象征着封建皇权的至高无上。太和殿坐落在紫禁城对角线的中心,四角上各有 10 只吉祥瑞兽,生

动形象,栩栩如生。

故宫的后部内廷在建筑上达到了庭院深邃,建筑紧凑的视觉效果。此外,东西六宫建筑虽整体上整齐划一,但各自却又自成体系。各有宫门宫墙,相对排列,秩序井然,再配以宫灯联对,绣榻几床,都是体现适应豪华生活需要的布置。内廷之后是宫后苑。后苑里有岁寒不雕的苍松翠柏,有秀石迭砌的玲珑假山,楼、阁、亭、榭掩映其间,幽美而恬静。

故宫是几百年前劳动人民智慧和血汗的结晶。在当时的社会生产条件下,能建造这样宏伟高大的建筑群,充分反映了中国古代劳动人民极高的智慧和创造才能。

苏州古典园林

PINDU BAIKE

一直以来，苏州园林就有着『江南园林甲天下，苏州园林甲江南』的美誉，它在建筑结构上善于将有限的空间巧妙地组成变幻多端的景致，以小巧玲珑取胜。苏州园林代表了中国私家园林的风格和艺术水平，是闻名中外的旅游胜地。

苏州古典园林是指苏州城内的私家园林建筑，它们起源于春秋时期的吴国建都时期(公元前 514 年)，形成于五代，宋代时逐渐成熟，清代是其鼎盛时期。清代末期时，苏州已有各色园林一百七十多处，现保存完整的有六十多处，对外开放的有 19 处。虽然这些园林占地面积不大，但意境高远，它们以独具匠心的艺术手法在有限的空间内点缀安排，移步换景，变化无穷。在这些园林中，拙政园、留园、网师园和环秀山庄最为著名。

拙政园位于苏州市娄门内东北街，它是苏州古典园林中的代表之作，也是其中面积最大的一座园林，是全国重点文物保护单位。拙政园最初是唐代诗人陆龟蒙的住宅，明代正德四年(1509 年)时，御史王献臣仕途失意归隐苏州后将这里买下，并请著名画家文征明一起设计了拙政园，最终历时 16 年才建成。目前，拙政园中现有的建筑大多是 1860 年时拙政园成为太平天国忠王府花园时重建的。

拙政园的布局疏密有致，园中景物以水为主，水面广阔，景色平淡静雅、疏朗自然。楼阁轩榭均建在水池的周围，其间有漏窗、回廊相连，与山石、古木、绿竹、花卉构成了一幅幽远宁静的山水画，体现出明代园林建筑的优雅风格。拙政园中的湖、池、涧等景物意境悠远深邃，完美地将风景诗、山水画的意境和自然环境的实境融合

在一起，极富诗情画意。淼淼的池水以闲适、旷远、雅逸和平静氛围见长；曲岸湾头，来去无尽的流水，以蜿蜒曲折、深容藏幽而引人入胜。整个园林以小桥幽径为脉络，经长廊、房屋、岛屿山石、花水草木等完美地串联起来，构成了独具特色的江南风光。这种巧妙的设计使得拙政园仿佛浮在水面上，产生出一种淡雅的艺术情趣，堪称是江南园林的典型代表。拙政园正是因为这种大观园式的古典豪华园林风格，而被人们誉为"天下园林之母"。

留园与颐和园、避暑山庄、拙政园齐名，它坐落在苏州市阊门外，原为明代徐时泰的东园，到清代为刘蓉峰所有，遂改称为寒碧山庄，俗称"刘园"。自清代光绪二年（1876年）时成为盛旭人的私宅后才开始叫作留园。留园内的建筑物数量在苏州诸园中位于第一位，园中的厅堂、走廊、粉墙、洞门等建筑与假山、水池、花木等组合成数十个大小不等的庭园美景。留园建筑在空间上的突出处理，充分体现出我国古代造园家的高超技艺、卓越智慧以及江南园林建筑独特的艺术风格和特色。留园中的建筑物将其划分为几个部分，各建筑物间安排有多种门窗，将各部分的景色融合在一起，使人们在室内观看室外景物时能够一览无余，拓展了整个园林空间。

网师园是苏州古典园林中的传世之作。它位于苏州药门附近的带城桥南阔家头巷，园址原为南宋时期的吏部侍郎史正志所建的"万卷堂"的旧址，也被称为"渔隐"。网师园布局精巧，结构紧凑，素来就以建筑精巧和空间尺度比例协调而著称。网师园建筑大体上分为三部分，各部分迥然不同。网师园在建筑风格上主要以水为中心，环池亭阁与山水错落映衬，疏朗雅适，廊庑回环，移步换景，浑然天成，犹如诗画一般。园中的古树花卉也以古、奇、雅、色、香、姿闻名，它们与建筑、山池相映成趣，

构成一种闭合式水院。清澈的池水与射鸭廊、濯缨水阁、月到风来亭，以及看松读画轩、竹外一枝轩等构成了一幅独特的画卷，集中体现了春、夏、秋、冬四季景物和朝、午、夕、晚四时景色的变化。因此，人们在游园时，可以信步园中，也可安坐在一处欣赏不同时间的美景；围绕着池水，可观赏游鱼，也可在亭中待月迎风。独特的建筑风格使得人们根本感觉不到园林的大小，置身其中仿佛走入了一幅美轮美奂的画卷。除了白天，晚上游览网师园也别有一番滋味，还能欣赏到独具特色的文艺节目。

环秀山庄也是苏州古典园林中的经典之作，它素以假山堆叠奇巧著称，被人们誉称"苏州三绝"之一，同时又有着"独步征轲"的美誉。它位于苏州景德路，全园占地面积约二千平方米。环秀山庄始建于唐代末年，原为唐代金谷园，在宋代时改建为景德寺，明代时成为宰相申时行的住宅，至清代蒋辑在此居住时修建了用来收藏书籍的"求自楼"，又在楼后修建假山，并将园名改为"环秀山庄"。在环秀山庄中有一眼井，井边有清泉喷涌汇成的小池，遂将该井取名"飞雪泉"。假山逼真地模拟出自然山水，在咫尺之间构建了谷溪、石梁、悬崖、绝壁、洞室、幽径，以质朴、自然、幽静的山水，来体现含蓄内敛的诗情画意，通过合理安排山石、树木和水体，将深远与层次多变的画意完美地体现出来。

布达拉宫

PIN DU BAI KE

地球上海拔最高的大型古代宫殿是位于雪域高原上的圣殿布达拉宫，位于拉萨边缘玛布日山的"不朽城堡"遗址之上。这座"神的府邸"以恢弘雄伟之势、美丽壮阔之景吸引了世界各国游人的目光。

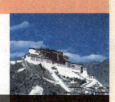

西藏的首府拉萨曾经是西藏神学的圣地。在被称为"雪屋"的喜马拉雅山脉深谷中，有着"快乐之河"美称的奇楚河倒映着"光明的宫殿"——布达拉宫，而拉萨就是位于"鸣鹿之地"的"神的府邸"。

城堡一样的布达拉宫，位于拉萨边缘玛布日山的"不朽城堡"遗址之上，相传公元7世纪时由吐蕃赞普松赞干布始建。布达拉宫经由其后继者多次扩建，最后形成了今日的规模。

布达拉宫作为地球上海拔最高的大型古代宫殿，是历代达赖喇嘛的"冬宫"和西藏地方政教合一的中心，同时，它也是西藏地区现有最大、最完整的宫堡式建筑群。这座无与伦比的神宇宫阙，被誉为"世界十大土木石杰出建筑"之一，集中体现了西藏建筑、绘画、宗教艺术的精华。

整个宫殿建筑的材料是土石木。从结构上看，很多层次的矩形平面毗连而成，层次错综复杂，弯弯曲曲。这是邸宅与碉堡结合而生的藏族建筑传统风格的充分体现。白、黄、红是宫殿外部的主要颜色，这与佛教传统有着深厚的渊源。白色是恬静、和平的象征；黄色是圆满、齐备的象征；红色是威严与力量的象征。

● 雪域圣殿布达拉宫。

布达拉宫的建筑格局主次分明、对比鲜明，具有深刻的象征意义。达赖喇嘛的白色寝宫傲然耸立，红宫则后来居上，其他各类建筑仿佛众星捧月，簇拥左右，这样的排列象征着至高无上的达赖喇嘛站立在金碧辉煌的屋顶之上。抬头仰望天空，苍茫辽阔；俯视四周，映入眼帘的则是低矮、拥挤的僧房、民居等，从而形成了强烈的反差。再看看开阔的殿堂与窄小的窗户，厚重的墙壁与狭窄的过廊到处都渲染着佛法的神威和佛界的威严，这就是藏传佛教建筑不断追求的意境。

红宫和白宫是布达拉宫的主体部分。红宫居中，白宫从东南西三面环绕红宫，成凹字形。另外，布达拉宫还有三座黄色殿堂。白宫东西两边各一间，前方半山腰一间，是分别用来为达赖喇嘛修习密宗以及放置佛塔、佛像的地方。不同时代的达赖喇嘛的灵塔殿和各类佛堂构成了红宫的主体建筑。这里共有 8 座灵塔，其中最为豪华的是五世达赖和十三世达赖的灵塔。

各类佛堂有药王殿、上师殿、世袭殿、持明殿、响铜殿、菩提道次第殿以及司西平措大殿等。

十三世达赖喇嘛灵塔动工于 1934 年，三年后完工。据史册记载，塔身金皮耗费黄金 589.69 千克，宝石四万多颗，以金线串缀而成，塔高 14 米，珠玉宝石遍缀塔身，金光璀璨，珠宝生辉，夺人眼目，异常华美。

白宫是达赖喇嘛举行重大活动和生活起居的地方。白宫最上层为森琼尼威宫（东西日光殿），是历代达赖喇嘛的起居宫室。白宫内最大的殿堂措钦厦（东大殿），是为达赖喇嘛举行坐床、亲政等重大仪式的地方。

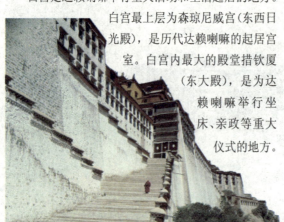

知识宝库

佛教典故认为：雪域西藏的布达拉宫是观音化现之处。藏传佛教信徒曾把松赞干布当做观音菩萨的化身。因此，他的王宫被命名为观音菩萨的第三个刹土布达拉，布达拉宫因此而得名。

美丽的龙王潭公园坐落在白宫宫殿后面。公园里的草坪犹如绿色的地毯，鲜花点缀其间。园内绿树成荫，古木参天。林间一池湖水，碧波荡漾，倒映着布达拉宫的倩影。每到冬季，成群的红嘴鸥回归潭中，自成一景。潭中有一小岛，岛上建有龙王宫，所以取名为"龙王潭"。过去，这里是布达拉宫的后山花园，每年的藏历 4 月 15 日为佛祖释迦牟尼的诞生、成道、圆寂纪念日，西藏地方政府的全体僧俗官员及贵族男女老幼都要来此划船戏水，举行旱季祈雨仪式。

布达拉宫是藏式建筑工艺的集大成之作，同时它还是藏族艺术精品和珍贵文物的宝库。走进布达拉宫，仿佛迈进了西藏的千年历史长河之中，体验藏族建筑的独特风格，欣赏华美绚丽的艺术珍品，回望幽深的廊道、流光溢彩的灵塔，以及神圣的殿堂……此时此刻，西藏的历史精华，仿佛凝聚于其中。

香格里拉
PIN DU BAI KE

香格里拉,世外的桃花源。那里有最蓝的天,纯净似水;那里有最美的云,缥缈迷蒙;那里有最迷人的雪山,空灵悠远;那里有最原始的草原,安然宁静;那里有……那里是人间最后的天堂!

香格里拉是传说中的世外桃源。"香格里拉"一词源于1933年英国著名小说家詹姆斯·希尔顿在《消失的地平线》中所描绘的一处永远和平、宁静的地方。现在说的香格里拉景区位于我国云南省西北部的藏族自治州香格里拉县,香格里拉是由"三江并流"形成的,这里有雪山、峡谷、草原、高山湖泊和原始森林,还有独特的民族风情,这一切都与詹姆斯·希尔顿想象中的圣地不谋而合。更加巧合的是,"香格里拉"一词是迪庆香格里拉县的藏语,意为"心中的日月",是藏民心目中的理想生活环境和一种至高无上的境界。

香格里拉是一片人间少有的、保留完整自然生态环境和民族传统文化的净土,素有"高山大花园""动

植物王国""有色金属王国"的美称,是一个自然景观和人文景观很集中的区域,是国家八大黄金旅游热线之一。

香格里拉景区内雪峰连绵,仅香格里拉县境内,海拔4 000米以上的雪山就有470座。还有著名的金沙江虎跳峡、澜沧江峡谷等大峡谷,辽阔的高山草原牧场,莽莽的原始森林,以及星罗棋布的高山湖泊。

景区内的泸沽湖,如同一只展翅的飞燕,这个湖泊也是国内较大的天然淡水湖,被誉为"高原明珠"。湖中共有7个小岛,都是风光秀丽、林木葱茏;湖的西北面,巍然矗立着雄伟壮丽的格姆山;湖的东南与草海连接,这里牧草丰盛,牛羊肥美,而且每到冬季,数以万计的天鹅、黑颈鹤等珍稀候鸟便栖息于此,给景区平添一种独特的景致;湖周围茂密的原始森林里,经常有老虎、豹子、岩羊、小熊猫、短尾猴、斑羚羊等珍稀动物出没,是野生动物的天堂。

丽江也属于香格里拉景区，据说这是神遗留在这个世界上唯一的人间仙境，这里祥气笼罩，瑞云缭绕，鸟儿在蓝天白云间飞翔，人们在古桥流水边徜徉。这里，阳光照耀着生命的年轮，聆听、感悟，不需要开口，处处可见人与自然和谐相处之美景。

说起香格里拉，不得不提的还有梅里雪山。

梅里雪山是云南最壮观的雪山群，绵延数百里，占去德钦县34.5%的面积。海拔6 000米以上的太子十三峰，姿态各异，又紧紧相连。主峰卡瓦格博峰（海拔约6 740米）是云南最高的山峰。

梅里雪山不仅有太子十三峰，还有雪山群所特有的各种雪域奇观。卡瓦格博峰下，冰川遍布，其中明永恰冰川可谓是最壮观的冰川，也是世界上少有的低纬度海拔季风海洋性现代冰川。它从海拔5 500米的地方下延至海拔2 700米的森林地带，长达

8 000米，宽500多米，面积大约有70平方千米。

梅里雪山的冰川、冰瀑令人心醉，在卡瓦格博峰的南侧，有从千米悬崖倾泻而下的梅里雪山雨崩瀑布。夏天，冰雪化为雪水，从梅里雪山雪峰直泻下来，阳光照射时，水汽蒸腾有如云雾笼罩，水雾又将阳光映射成七色彩虹。这个瀑布的水，在梅里雪山朝圣者心中是很神圣的，他们虔诚地来到瀑布下面沐浴，求得吉祥。

稻城亚丁被称为最后的香格里拉，方圆7 323平方千米的土地上，存留着大地最古老的记忆和大自然最真、最纯的景致。

稻城北部是青藏高原上最大的古冰遗迹——海子山自然保护区。保护区的中部是开阔的河谷和草原，牧草丰茂，野花飘香；它的南部是千姿百态、连绵不断的山峰。

保护区冬季很长，气候寒冷，大地冰封雪锁，一片沉寂。当内地进入炎夏之后，这里便开始弥漫起春色，短短的几个月，它展示出这个世界所有的色彩和景象，在这里，所有的生命都竞相表现着自己，傲视苍穹的雄鹰，自由自在的各种野生动物。而最重要的是，这里拥有一个神奇的民族——稻城康巴人。绵延的山脉，辽阔的地域，清澈的溪流，丰腴的草场，哺育了这个民族单纯而又丰富的性格，如同他们脚下的大地和头顶的天空，纯净而迷人。极端的生存环境，又凝炼了他们纯朴、天真、热情的生活态度和多彩的内心世界。

稻城属于康巴藏区，那里的人都信奉佛教、崇拜自然。他们的生活与纯净的大自然融为一体，一切都取之于自然，归依于自然。这就是香格里拉，梦里的天堂。

亚述古城

PIN DU BAI KE

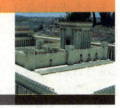

亚述古城(Ashur)是位于伊拉克北部的古城遗址。它位于底格里斯河西岸,摩苏尔以南150千米的地方。

亚述古城始建于公元前 2000 年,但是其最重要的历史阶段是公元前 14~前 9 世纪,当时亚述古城是亚述帝国的第一都城。亚述古城也是亚述帝国的宗教中心,是国王加冕和举行葬礼的地方。

亚述古城作为古亚述王国的第一个都城,也是古亚述人的主神神宫所在地。出于这样的原因,虽然在地理位置上和居民数量上,亚述古城比不上其他城市,但它仍然能长期作为亚述帝国的都城,甚至连帝国的名称都以这个古城的名称命名。在公元前 880 年帝国迁都后,还是有众多居民定居在这里。直到公元前 614 年,此城遭巴比伦人破坏。此后便渐渐荒废。

亚述城的城市呈三角形布局,城墙环绕在西面和北面。城墙长约四千米,分内外两层,已确定 8 座城门。内墙厚 7 米,城门饰有彩色琉璃砖;外墙的外面有宽约二十米的护城河,河的两端通向底格里斯河,东面和北面有砖石砌的堤墙用来防止洪水的泛滥。城内建筑在北部的居多。

已挖掘出的亚述古城的公共设施和民宅记述了亚述帝国从苏美尔时期到阿卡德时期的建筑繁荣史,遗迹中还包括帕提亚时代亚述古城短暂复兴时期的建筑。

德国考古队 20 世纪初期来此发掘古城,发现古城内城有圆墙围护,周长 4 000 米。阿达德尼拉里一世（公元前 1307~前 1275 年在位）曾在城东滨底格里斯河修建了一座巨型码头。城北有底格里斯河河湾及悬岩为屏障，森纳谢里卜（公元前 705~前 681 年在位)也在河边修建了一些有扶壁的城墙和名为穆什拉鲁的凸出的港口，还有一些要塞是用粗石砌成的呈半圆形塔楼，这种建筑式样被认为是森纳谢里卜的首创。这里最古老的宫殿为沙姆希亚达德一世(公元前 1813~前 1781 年在位)曾经居住的宫殿，后来被当成墓地。居民区多位于城西北隅。除此之外，其他遗址亦有出土。亚述城遭破坏时人民虽惨遭劫杀，但直到公元前 140 年帕提亚(安息)王国兴起时，城内尚有部分居民，再往后古城便日趋荒芜，湮没无闻。

亚述文化汇集了西亚各国(主要是巴比伦)精华，同时也具有自己的特点。亚述时期大量宏伟的宫殿、神庙和其他建筑现在仍有所保留。建筑物有大量浮雕装饰，雕刻工艺具有很高的艺术水平。亚述巴尼拔所建的尼尼微王家图书馆藏有大量泥版文书，包括宗教神话、艺术作品、天文、医学等，是追寻亚述历史的重要史料。从亚述城出土的遗物有石雕、圆筒印章、各种石板及首饰、武器、金属碗等。同时出土的还有记有亚述王名和最高官名的铭文表，上面载有亚述历法，是研究亚述王朝更替情况和判定年代的重要依据材料。

据亚述人所说，"萨尔贡二世宫殿的守护神兽"是人首、狮身、牛蹄、头顶高冠的怪异形象。守护神兽的胸前是一束被细心梳理过的长胡须，它有一对富有威慑力的大眼睛，身上的左右两侧还伸展着一对翅膀，显得气宇轩昂，让人望而生畏。这种形象的石雕簇立在宫门口，体现了一种王权的神圣。"垂死的牝狮"雕刻的是一头已身中数箭的狮子浮雕，这座浮雕体现了一种生命垂危的

悲剧形象。它的后腿已无力支撑起后半截身体，而它的前爪仍然极其强健，挣扎着想站立起来。它抬头向天发出怒吼，却是一声声的悲鸣，狮子的总体形象动人，给人一种悲壮感。在亚述的其他雕塑都雕刻得十分生硬的情况下，这一块浮雕就显得特别的完美突出。作为一种装饰性浮雕，它已超越了装饰本身的含义，"垂死的牝狮"成为古代亚述美术中最值得欣赏的现实主义杰作之一。

在萨尔贡二世宫门前的两只镇门兽形象，后来逐渐成为一种吉祥动物，并具有神秘的力量。它们的风格一直影响到其他民族，古波斯和西亚地区也都十分盛行。

亚述古城在岁月的流逝中沉淀积累了极多宗教方面的重要建筑和宫殿，到目前为止，考古发掘只发现了"冰山一角"，相信以后一定会有更多古代人类智慧的光辉展现出来。

知识宝库

亚述古城位于美索不达米亚北部底格里斯河的特殊地带上，位于雨水灌溉农业和人工灌溉农业的交界处，其历史可以追溯到公元前3000年。公元前14~前9世纪，亚述古城是亚述帝国的第一个都城，是重要的国际文化和贸易交流的平台。

——世界遗产评定委员会

巴米扬山谷
PIN DU BAI KE

中亚地区的文明古国阿富汗是古代丝绸之路上的重要城市。巴米扬石窟坐落于现在阿富汗中部巴米扬城北兴都库什山区海拔2 590米的一条小河谷中，在它的北面是兴都库什山的支脉代瓦杰山，向南是巴巴山脉，巴米扬河从山间流过，巴米扬石窟就开凿在代瓦杰山南面的断崖上。

巴米扬山谷是西方的佛教圣地，几个世纪以来它一直是人们朝圣的中心。

巴米扬山谷的佛像和岩洞艺术是中亚地区干达拉文化中佛教艺术的典范，但巴米扬山谷的佛像和洞窟所具有的标志性的象征意义反而使遗址多次受到威胁，其中最严重的一次是2001年那次震惊世界的蓄意爆炸行为，这就不得不让人思考对古文化遗产的保护问题了。

巴米扬山谷的佛像和建筑遗迹是古代丝绸之路上的重要佛教中心，深受印度、希腊、罗马和萨桑文化的影响，后期又受到穆斯林文化的影响，形成了独特的干达拉文化。

巴米扬是位于古代丝绸之路上的一个多山地的国家，这个地理位置是连接印度、西亚与中亚的交通要塞，光辉灿烂的东西方文化都曾在这里交融，中国唐代著名僧人玄奘从长安出发到印度取经，就曾经路过巴米扬。他在其著作《大唐西域记》中将此地译作"梵衍那国"，并细致描写了王城中的佛教寺院和高大精美的佛像。玄奘法师所见到的梵衍那国的寺庙和佛像中，应该就包括今天已经遭受

彻底毁坏的巴米扬石窟群和东西大立佛。

世界闻名的巴米扬石窟有着两项世界之最，首先巴米扬石窟是现存最大的佛教石窟群；其次，巴米扬大佛是世界上最高的古代佛像。巴米扬石窟全长 1 300 多米，各种各样的洞窟约有 750 个，与我国新疆拜城的克孜尔石窟和

甘肃敦煌的莫高窟相比要大得多。巴米扬石窟群中最吸引人目光的是分别开凿在东段和西段的两尊立佛像，就是被称为"东大佛"和"西大佛"的两尊佛像，两佛相距 400 米，造型十分地醒目。东大佛高 35 米，身披蓝色袈裟，西大佛高 53 米，身披红色袈裟，佛像的脸部和双手都涂有金色。巴米扬山谷是杰出的文化景观，描述了佛教发展史上一段辉煌的历史。巴米扬大佛雕造时间约为公元 4~5 世纪，历经岁月风蚀，战火沧桑，到如今已有一千五百多年的岁月。巴米扬石窟在建成后的千百年中，饱经战火的摧残。有记载的大规模破坏，前后有 4 次。第一次发生在阿拉伯帝国的军队征服巴米扬期间，大约发生在公元 8 世纪；第二次是在 13 世纪初，成吉思汗蒙古大军的铁蹄践踏了这块土地，巴米扬石窟没有逃过这次战火的劫难，在梵衍那城成为断壁残垣后，巴米扬石窟也被严重损坏；第三次是在 19 世纪，帝国主义将战火烧到阿富汗领土

时，驻扎巴米扬的英军击毁了巴米扬石窟的两尊大佛，从此巴米扬大佛变得千疮百孔，肢残体断。2001 年 3 月，阿富汗的塔利班武装派别居然不顾联合国和世界各国人民的强烈反对，动用大炮、炸药等各种只有在战争中才使用的武器，摧毁了巴米扬包括塞尔萨尔和沙玛玛在内的所有佛像。

巴米扬佛像群到今天已经满目疮痍。山崖下只剩下佛像形状的石窟和佛像被破坏的残骸，石窟外到处是佛像碎片和黄土块。塞尔萨尔只剩下一个佛像的轮廓，佛像硕大的胳膊留下的凹痕依然醒目。虽然佛像已不见当年的踪影，但仰头望去，仍不难想象出当年的恢弘景象。

知识宝库

融合了希腊文化和印度文化风格的巴米扬山谷的佛像和岩洞艺术是公元 1~公元 6 世纪古代巴克特里亚文化宗教历史的优秀代表，它将多种文化的内涵融汇进了干达拉文化中的佛教艺术。巴米扬山谷建筑有众多的寺庙，也保存着穆斯林时代的军事工程。巴米扬山谷还见证了塔利班炸毁两尊巴米扬大佛的悲剧。

——世界遗产评定委员会

修建于一六三一年的泰姬陵体现了一个国王对他深爱的妻子铭心刻骨的思念。几百年风雨沧桑过后，这座举世闻名的爱情丰碑仍然散发着不凡的魅力。

泰姬陵
PIN DU BAI KE

1631年莫卧儿皇帝的妻子在生第14个孩子时难产去世。她那时只有36岁，却已结婚18年，这对她的丈夫沙贾汗来说失去的不仅仅是深爱的妻子，同时也是一个得力的助手。据说沙贾汗穿了两年丧服（据另一记载，他的头发因悲伤而变白了）。他立誓要建一个配得上他妻子的、无与伦比的陵墓来怀念他的妻子。最终人们都见识了他伟大的成功。在这个让人叹为观止的建筑物上，刻着沙贾汗爱妻名字的缩写：泰姬•玛哈尔。

泰姬陵不仅是爱情的见证，更是建筑史上的奇迹。

泰姬陵在视觉上永远也不会使人厌倦，它总是能令人赞叹不已。它在一天里的不同时间及不同的自然光线中显现出不同的特点。尽管它只是一座陵墓，却没有通常陵墓所有的凄凉。相反的，它会让你觉得它似乎在天地之间飘浮着。它的结构对称协调，花园和水中倒影巧妙地结合在一起，创造了令所有游览者叹为观止的奇迹。据说大约有二万名工匠参与了泰姬陵的建造，历时22年才完成。传闻一位法国人和一位威尼斯人也参与了工程的部分工作。到目前为止仍没有关于泰姬陵建造者的记载——而这对这个建筑物是非常适合的，因为建造它的本意就在于让人们只记住陵墓中的人。

泰姬陵是由从322千米外的采石场运来的大理石建造的，而它并不是一座纯白色的建筑。数以万计的宝石和半宝石镶嵌在大理石的表面，陵墓上的文字是用黑色大理石做的。从一道雕花的大理石围栏上就能够看出其出色的雕刻工艺。阳光照射在围栏上时投下变幻无穷的影子。以前曾经有银制的门，里面有金制栏杆和一大块用珍珠穿成的帘盖在皇后的衣冠冢上（它的位置在实际埋葬地之上）。虽然盗墓者们窃去了这些价值连城的东西，不过泰姬陵的宏大华美还是使人为之倾倒。

泰姬陵位于一个风景区内，威严壮丽的通道喻示着天堂的入口，上方有拱形圆顶的亭阁。以前在这里曾经建有一扇纯银的门，上

尖 塔

　　泰姬陵底座的四角各有一座尖塔，尖塔高达 40 米，内有 50 层阶梯，是专供穆斯林学者拾级登高而上的。尖塔与陵寝主体交相辉映，成为陵寝的完美陪衬。

寝 宫

　　寝宫位于泰姬陵正中央，寝宫下部为八角形陵壁，上部为高耸饱满的穹顶，总高度达 74 米，寝宫墙上镶嵌着浅浮雕和精美的宝石，中心线上安放着泰姬的墓碑。

水 池

　　泰姬陵正前方对称分布的两条甬道中间，是一条澄清的水道和"十"字形喷水池，水道两旁种植果树和柏树，分别象征生命和死亡。

面装饰着几百个银钉，但所有这些珍贵宝物都已被劫走，而如今的门是铜制的。

有关沙贾汗想在亚穆纳河的另一边为自己建一座同样的黑色大理石陵墓的传说好像并没有多大的真实性。他的儿子篡夺王位后，将他的父亲囚禁在阿格拉的一个城堡内长达 9 年，直到他去世。

泰姬陵表现了莫卧儿王朝建筑成就的高峰。陵墓主体竖立在一个底座上，上面装饰着塔，人们对它充满了与对清真寺同样的敬仰之情。这种风格的纪念陵墓在印度北部有所发展，但不久后就消失了。

侯迈因在德里的陵墓是在 1564 年开始修建的，它是泰姬陵的雏形，坚实、威严却不失精致、典雅。17 世纪 70 年代，沙贾汗的儿子在奥芝加巴德也为他的妻子仿造了一座泰姬陵，只是它缺少泰姬陵的协调和韵味。德里的另一座陵墓赛夫达贾之墓在 1753 年开始修建，被称为是"莫卧儿建筑最后的闪光"，但是它并不是一座人们千方百计要建造观赏的建筑物。和孟加拉的总督威廉·本廷克爵士设计的阴谋比起来，泰姬陵内奇珍异宝的失窃就不值一提了。19 世纪 30 年代，威廉·本廷克阴谋策划拆除当时疏于管理而杂草丛生的泰姬陵，意图将大理石运去伦敦出售，但是由于从德里红堡上拆下的大理石没有找到买主，这个阴谋才未付诸实施。后来，到 20 世纪初印度总督才又重新修复了泰姬陵。

毋庸置疑，泰姬陵是世界上完美艺术的典范。这座全部由大理石建成的建筑几乎无可挑剔，月光之下的泰姬陵更给人一种置身天堂的感觉。它除了表达了沙贾汗对爱妻的深情思念之外，也是他给人类的一份厚礼。

古京都遗址

PIN DU BAI KE

古京都遗址建造于公元794年（平安时代开始），位于前首都平安京区域，从那时起到江户时代（1600~1868年），它就一直作为首都，同时它也造就、孕育和保存了日本许多优秀灿烂的文化。

与古京都这一地区的其他历史建筑一起，还有17座建筑被划归为世界遗产范围，并被确认为重要的历史和文化宝库，同时并被作为日本典型的文化遗产而得到重点保护。许多已经被确认为国家历史建筑和特别保护的花园，同时也被列入了文化保护法范畴。

古京都的最初设计是仿效中国隋唐时代的都城长安和洛阳，整个建筑群呈矩形排列，以贯通南北的朱雀路为中心线，将整个城市分为东西二京，东京仿洛阳而建，西京则仿长安城而建，中间为皇宫。皇宫之外是皇城，皇城之外是都城。城内街道呈棋盘形分布，东西、南北排列规整，布局整齐，城市明确划分为皇宫、官府、居民区和商业区。

京都是世界闻名的文化古都，市内历史古迹众多，建筑古典精致，庭园清新俊秀。放眼郊外的山麓小丘和周围的小山，就会看到代表各个时代的最早的建筑和花园。京都皇宫位于京都上京区。前后被焚7次，现在的皇宫为孝明天皇重建，面积11万平方米，四周是围墙，内有大殿10处、堂所19处，宫院内松柏名门9个，梅樱互映相间，静穆中不失活泼。

平安神宫的殿堂仿照平安朝皇宫正厅的朝堂院修建，为明治时代庭园建筑的代表作。其大殿为琉璃瓦建筑，远眺屋

•迹众多，建筑古朴典雅，庭园清新俊秀。

宇，金碧辉煌。神宫由东南西北四苑组成，其间建有白虎池、栖凤池、苍龙池。湖上的亭阁，大都仿照中国西安寺庙的结构修建，极具中国建筑风格。

二条城的富丽堂皇与京都御所的朴素恰成鲜明对比。二条城有用巨石修建的城垣，周围有护城河，河上有仿唐建筑。这里最初是德川家康到京都的下榻之地，后因德川庆喜在此处决议奉还大政而为世人所知。1886年这里成为天皇的行宫，1939年归属京都府。二条城的主要建筑有本丸御殿、二之丸御殿等。

京都有佛寺一千五百多座，神社二千多座，这里是日本文化艺术的摇篮，也是佛教的中心。

金阁寺原为西园寺恭经的别墅，后给了足利义满。金阁寺建筑结构为三

层，第二屋和第三层的外墙用金箔贴成，远远望去，一片金碧辉煌。三层高的金阁寺，每层都代表着不同时代的风格：第一层是平安时代；第二层是镰仓时代；第三层则是禅宗佛殿的风格。塔顶尾部装饰着一只金铜合铸的凤凰，堪称一绝。

银阁寺位于京都东山麓，与金阁寺齐名。银阁寺原来也是别墅，兴建时曾计划把表面用银箔壁饰，但建造完成时并未付诸实施，所以改名为慈照寺，但还是俗称银阁寺。

大德寺建于1319年。著名的一休大师（即聪明的一休）经过几十年的辛苦布教后，以80岁的高龄任大德寺的主持，重建了大德寺。

清水寺创建于公元798年，后由德川家康将军于1633年重建。它坐落在东山山麓的音羽山半山腰，依山而建，正殿（本堂）建在悬崖边。殿前是悬空的"舞台"，下面由139根高大圆木支撑，高15米。

知识宝库

古京都仿效中国隋唐时代的首都形式，建于公元794年，从建立起直到19世纪中叶一直是日本的帝国首都。作为日本的文化中心，它具有1 000年的历史。它跨越了日本木式建筑、精致的宗教建筑和日本花园艺术的发展时期，同时还影响了世界园艺艺术的发展。

——世界遗产评定委员会

品 读 百 科

Juemei De Diqiu Qiguan Shengjing

|绝美的地球奇观胜景|

2

非 洲

Feizhou

撒哈拉沙漠

PIN DU BAI KE

撒哈拉沙漠的气候条件极其恶劣，因此有人称它为"地球上最不适合生物生长的地方"之一。可能正是因为它的荒凉、孤寂，所以它才能成为探险家心目中"世界十大奇异之旅"之一。

撒哈拉，阿拉伯语意为"大荒漠"，是从当地游牧民族图阿雷格人的语言引入的。撒哈拉沙漠位于非洲，是世界上最大的沙漠，也是世界上除南极洲之外最大的荒漠，它西临大西洋，东接尼罗河及红海，北起非洲北部的阿特拉斯山脉和地中海，南至苏丹草原带，东西长4 800千米，南北宽1 300~2 200千米。

撒哈拉沙漠大约形成于250万年以前，形成原因有很多。首先，北非与亚洲大陆紧邻，东北信风从东部陆地吹来，此地不易形成降水，使北非天气非常干燥；其次，北非海岸线平直，东侧有埃塞俄比亚高原，阻挡了湿润气流，使得广大内陆地区不会受到海洋的影响；再次，因为北非位于北回归线两侧，常年受到副热带高气压带的控制，盛行干热的下沉气流，而且非洲大陆南窄北宽，受副热带高压带控制的范围大，干热面积很广；第四，北非西岸有加那利寒流经过，对西部沿海地区起到降温减湿的作用，使沙漠逐渐逼近西海岸；第五，北非地形单一、气候单一、地势平坦、起伏不大，于是形成了大面积的沙漠。

● 撒哈拉沙漠几乎占满了整个非洲北部地区，它的总面积几乎容得下整个美国本土。撒哈拉沙漠是世界上阳光最多的地方。

品读百科

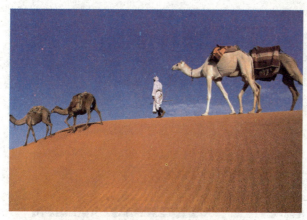

图为撒哈拉沙漠中心图阿雷格人与骆驼。

撒哈拉沙漠的干旱地貌类型多种多样。主要由石漠、砾漠和沙漠组成。石漠，即岩漠，多分布在地势较高的地区，如撒哈拉东部和中部，尼罗河以东的努比亚沙漠主要也是石漠。沙漠的面积最为广阔。

撒哈拉沙漠中比较有名的沙漠有奥巴里沙漠、利比亚沙漠、阿尔及利亚的东部大沙漠和西部大沙漠、比尔马沙漠、舍什沙漠等。人们把面积较大的沙漠称为"沙海"，沙海是由复杂而有规则的大小沙丘排列而成的，形态复杂多样，有高大的固定沙丘，还有较低的流动沙丘，也有大面积的固定、半固定沙丘。从利比亚往西直到阿尔及利亚的西部是流沙区，流动沙丘顺风向不断移动。以前在撒哈拉沙漠曾有流动沙丘一年移动 9 米的记录。

撒哈拉很多广阔地区内没有人迹，只有绿洲地区有人定居。在这极端干旱缺水、土地龟裂、植物稀少的旷地，却有过繁荣昌盛的远古文明。人们在沙漠地带发现了大约有三万幅古代的岩画，其中有一半左右在阿尔及利亚南部的恩阿杰尔高原，描绘的都是河流中的动物，如鳄鱼等。还有一些壁画上有划着独木舟捕猎河马的场面，这说明撒哈拉曾有过水流不绝的江河。从这些动物图画可以推想出古代撒哈拉地区的自然面貌。

虽然撒哈拉地区的气候十分恶劣，但仍然有人类居住，以阿拉伯人为主，其次是柏柏尔人等。现在还有大约

二百五十万人生活在这个区域内，主要分布在毛里塔尼亚、摩洛哥和阿尔及利亚。20世纪 50 年代以来，沙漠中陆续发现丰富的石油、天然气、铀、铁、锰、磷酸盐等矿产。随着矿产资源的大规模开采，该地区一些国家的经济面貌得以改变。

人们还曾经在这里发现过恐龙的化石。现在的撒哈拉自从公元前 3000 年起，除了尼罗河谷地带和分散的沙漠绿洲之外，已经几乎没有大面积的植被存在了。

自古以来，撒哈拉这个孤寂的大自然，拒绝人们生存于其中，撒哈拉沙漠犹如天险阻碍着探险者的脚步。风声、沙动支配着这个壮观的世界，风的侵蚀、沙粒的堆积，造就了这片极干燥的地表。

知识宝库

沙丘是风力作用下沙粒堆积的地貌，呈丘状或垄岗状。沙丘高几米至几十米不等，个别超过百米。裸露沙丘易于随风流动。按流动程度分固定、半固定和流动沙丘三种。其在荒漠、半荒漠地区分布最广。

东非大裂谷

PIN DU BAI KE

由于地壳下沉而形成的东非大裂谷，在很多人的印象中是荒草漫漫、渺无人烟之地。然而，事实上它却是一处气候宜人、牧草丰美、花香阵阵、物产丰富的美丽地方，同时它还是人类文明的摇篮之一。

东非大裂谷位于非洲东部，是世界大陆上最大的断裂带。大裂谷自叙利亚向南，延伸数千千米。大体来说，东非大裂谷北起西亚，从靠近伊斯肯德仑港的土耳其南部高原开始，南抵非洲的东南部，一直延伸到贝拉港附近的莫桑比克海岸。整个大裂谷跨越五十多个纬度，总长约七千千米，人们称它是"地球上最大的一条伤疤"。

裂谷谷底大多比较平坦，裂谷带宽度较大。两侧是陡峭的断崖，谷底与断崖顶部的高差从几百米到两千米不等。西支的裂谷带大致沿维多利亚湖西侧由南向北穿过坦噶尼喀湖、基伍湖等湖泊，逐渐向北，直至消失。在东非裂谷带两侧的高原上分布有众多的火山，如乞力马扎罗山、肯尼亚山、尼拉贡戈火山等，谷底还有呈串珠状的湖泊约三十多条，这

裂谷带野生动物众多，长颈鹿、大象、河马、犀牛、羚羊等动物都在此栖居。科尼亚、坦桑尼亚等国已将这些地区开辟为野生动物自然保护区。

大裂谷是一种特殊的地貌，形态奇特，地质作用错综复杂，矿产丰富，化石繁多，一直是地理、地质、古生物学家和考古学家们研究的重点。

个地堑系统还包括红海和东非的一些湖泊在内。这些湖泊大多为水深狭长，其中坦噶尼喀湖是世界上最狭长的湖泊，也是世界第二深湖，仅次于北亚的贝加尔湖。

东非大裂谷是世界上最大的一条裂谷，其独特的地质地貌在地球上绝无仅有。许多人在没有见到东非大裂谷之前，认为那里一定是一条狭长、黑暗、恐怖、阴森的断涧，其间怪石嶙峋，渺无人烟，荒草漫漫。其实，裂谷实际上完全是另外一番景象：远处茂密的原始森林覆盖着连绵的群峰，山坡上长满仙人球；近处草原广袤，翠绿的灌木丛散落其间，花香阵阵，野草青青，草原深处的几处湖水波光粼粼，山水之间，白云飘荡；裂谷底部，平整坦荡，牧草丰美，林木葱茏，生机盎然。

东非裂谷不是像美国的大峡谷那样由河流冲刷而成，而是因为地壳下沉，形成了一个两边峭壁相夹的沟谷平地，这在地貌上称"地堑"。有人在研究肯尼亚裂谷带时注意到，两侧断层和火山岩的年龄随着离开裂谷轴部距离的增加而不断增大，从而，他们认为这里曾是大陆扩张的中心。大陆漂移说和板块构造说的创立者及拥护者竞相把东非大裂谷作为支持他们理论的有力证据。根据 20 世纪 60 年代美国"双子星"号宇宙飞船的测量，在非洲大陆上，裂谷每年加宽几毫米至几十毫米；裂谷北段的红海扩张速度达每年两厘米。1978 年 11 月 6 日，地处吉布提的阿法尔三角区地表突然破裂，阿尔杜克巴火山在几分钟内突然喷发，并把非洲大陆同阿拉伯半岛隔开 1.2 米。

一些科学家指出，红海和亚丁湾就是这种扩张运动的产物。他们还预言，如果照这种速度继续下去，再过两

知识宝库

裂谷是地球深部构造作用形成的地表裂陷构造。发育于地壳水平引张作用地区，是一种延伸数百千米至上千千米的大型构造单元。其发育常导致洋盆的形成。

亿年，东非大裂谷就会被彻底撕裂开，产生新的大洋，就像当年的大西洋一样。但是，也有反对板块理论的人，他们认为这些理论都是危言耸听。他们说大陆和大洋的相对位置无论过去还是将来都不会有重大改变，地壳活动主要是上下的垂直运动，裂谷不过是目前的沉降区而已。在它接受了巨厚的沉积之后，将来也可能转向上升运动，隆起成高山而不是沉降为大洋。

东非大裂谷未来的命运究竟会如何呢？作为"地球上最长的伤疤"，我们对它的了解还不够多，无法给世人一个确切的答案。

西非原始森林

PIN DU BAI KE

西非原始森林，林木葱郁，野生动植物种类繁多。此处是非洲这个野性天堂里最后一片重要的热带原始丛林。它堪称地方性物种的巨大宝库。其中以塔伊和科莫埃两大原始森林最具代表性。

西非茂密的热带原始森林，可以说是地方性物种的巨大宝库。西非是热带原始森林景观保存较为完好的地区，这里树林茂密，野生动植物种类丰富多样。其中塔伊和科莫埃两大原始森林区是其最典型的代表。

终年高温、雨水丰沛和季节变化不明显是热带雨林的最大特点。这里天气闷热，空气湿度较大。由于高温多雨，热带雨林地区的植物生长迅速而茂密，到处都是翠绿欲滴的原始丛林。

塔伊国家公园是非洲重要的热带原始森林，它以低雨林植被闻名世界，并于1982年被列入《世界遗产名录》。由于非洲地区的气候特征，塔伊公园生长着两种森林：一种是由单性大果柏构成的原始森林；一种是由柿树所形成的原始森林。这两类森林区，都是地方性植物种类的巨大宝库。

塔伊公园森林里的黑猩猩站直时身高通常为1~1.7米，体重35~60千克，雄性比雌性更为强壮。除了面部，它们身上还覆着棕色或黑色的毛，年纪小的黑猩猩面部是粉红色或是白色，而成年黑猩猩的身体和面部皮肤都是黑色的。最近几十年，由于人类猎杀、采伐树木、开垦耕地以及商业性出口，野生黑猩猩的数量正在逐渐减少，已经成为了濒危物种。在西非的原始森林里，栖息地破坏、传染病和非法捕猎使黑猩猩和大猩猩居住的洞穴数量在过去20年里减少一半，以这个速度发展下去，大约三十年后黑猩猩将会从地球上消失。

此外，还有一种罕见的物种也生活在塔伊国家公园，那就是穿山甲。人们在白天是很难见到它们的，它们常于夜间活动，还能短时间地游泳。这里的穿山甲头短，眼睛小，有厚厚的眼睑，嘴长而无牙，舌头长而且很灵活。它们的全身几乎全部覆盖着重叠的浅褐色鳞片，5个脚趾都生有利爪。穿山甲主要以白蚁为食，有时也吃其他昆虫。它们靠嗅觉来判断捕食对象的位置，并用前脚扒开对方的巢穴，取出食物。

● 西非国家公园的原始森林中有着丰富而珍贵的动植物种群，具有重大的科研价值，一直为动植物学家和古生物学家所钟爱。

● 西非最大的自然保护区——科莫埃国家公园，因其动物和植物繁多，1983年被列入《世界遗产名录》。

　　塔伊国家公园因其丰富的地方物种和一些濒临灭绝的哺乳动物而具有极大的科研价值。因此，1926年这里建立了莫耶–卡瓦利森林区保护公园，1933年又将这一公园改为物种专门保护区。迄今为止，塔伊国家公园是地球上所剩无几的热带原始森林之一，它以独有的景致和丰富的自然资源吸引着各国游客的目光。

　　科莫埃原始森林地处科特迪瓦北部，坐落在苏丹和亚苏丹草原上，面积为11 500平方千米，它大部分处于海拔200~300米的丘陵地带，有科莫埃河和沃尔特河蜿蜒流过。

　　科莫埃自然保护区是苏丹草原和亚林地区之间的过渡地带，它尤为突出的特点是风景多样，并且长有南方植物。科莫埃河流贯穿其中，在230千米长的河岸两边有一条由茂密的原始森林形成的绿色甬道。除此之外，这里的牧草林木和灌木混生在大草原里，既有以柏树为主的稀疏树群，又有茂密的旱林和雨林，这种环境让许多生活在南部的动物集体迁居到北方来。现在，公园里有11种灵长类动物，21种偶蹄类动物，17种食肉类动物，园内的爬行类中还有10种蛇和3种鳄鱼，飞禽的种类更是数不胜数。

　　人们应该意识到保护雨林的重要性，使它作为人类独一无二的宝藏而一直传承下去。

知识宝库

穿山甲产于我国长江以南地区至台湾，越南、缅甸、尼泊尔等地有分布，它们多栖于丘陵杂树林潮湿地带。穿山甲的体表和尾部有角质鳞，头、口、耳和眼都小，无齿，舌细长，四肢短，爪强壮锐利，以蚁类为食。

乞力马扎罗山

PIN DU BAI KE

乞力马扎罗山是非洲第一高山。素有"非洲屋脊"、"非洲大陆之王"、"非洲之巅"的美称。长久以来，乞力马扎罗山以其浪漫、神秘和美丽享誉世界，吸引着千千万万的登山爱好者。

被誉为"赤道雪峰"的乞力马扎罗山位于赤道附近的坦桑尼亚东北部。

乞力马扎罗山是非洲第一高山，位于坦桑尼亚乞力马扎罗东北部，邻近肯尼亚，被称为"非洲之巅"，海拔 5 895 米，山周边 756 平方千米的范围是乞力马扎罗国家公园。

"乞力马扎罗"是斯瓦希里语，意思是"明亮的山峦"，历史上曾属肯尼亚，殖民时代英国女王将其作为礼物赠送给了德国皇帝。所以基博峰还被德国人称为"威廉皇帝峰"。七十多年前，美国著名作家海明威曾慕名来到乞力马扎罗山脚激情赞叹："广袤无垠，嵯峨雄伟，在阳光下闪着白光，白得令人难以置信。"主峰基博峰从 5 000 米往上，温度经常保持在-34℃左右，山顶终年大雪飘飞，而且积雪经久不化，在赤道线上强烈阳光照射之下，白皑皑的雪冠光华四射，形成赤道雪山的异景奇观。

乞力马扎罗山向来有"非洲屋脊"之称，而许多地理学家则喜欢称它为"非洲之王"。首先，辽阔的非洲大陆整体上是一块古老的高原，高原上广布沙漠，坦荡辽阔。但乞力马扎罗山卓尔不群，它在大高原上突兀耸天，气势非凡。乞力马扎罗山的"孤"为乞力马扎罗国家公园平添了胜景与魅力。其次，世界其他各大洲的最高山峰，都是直接构成一系列山脉的基干，或是矗立在山脊线的近旁，或是和同一山系的众多峰峦连成一体，从总的轮廓看去，声势浩大，绵延不绝。可是，乞力马扎罗山左边与东非大裂谷为邻，根本没有山系可言。它突兀而起，孑然耸立于方圆几十千米的

地段内。这也许是许多地理学家把它称为"非洲大陆之王"的原因吧。

远远望去，乞力马扎罗山在辽阔的东非大草原上拔地而起，高耸入云，气势磅礴。而实际上，乞力马扎罗山有两个主峰，一个叫基博，另一个叫马文济，两峰之间由一个11千米长的马鞍形的山脊相连。

乞力马扎罗山由希拉、马文济、基博三座活火山喷发后连成一体而形成。它不仅是非洲最高的山，还是世界上最大的火山之一，同时也是最易于登顶的世界高峰之一。任何人都可以在向导的帮助下，花5~6天时间征服这座山。

几乎没有人相信在赤道附近居然有这样一座覆盖着白雪的山，所以在过去的几个世纪里，乞力马扎罗山一直蕴涵着神秘而迷人的色彩。它在坦桑尼亚人心中神圣无比，很多部族每年都要在山脚下举行传统的祭祀活动，跪拜山神，以求平安。在酷热的日子里，从远处望去，蓝色的山基十分赏心悦目，白雪皑皑的山顶似乎在空中盘旋，缥缈的云雾伸展到雪线以下，更是增添了一种奇妙的幻觉。乞力马扎罗山靠近赤道，在这样一个地方矗立着一座雪山，确实令人称奇。其实理由很简单，乞力马扎罗山上的积雪源于它的高海拔。赤道附近虽然气候炎热，但随着地势的增高，气温逐渐降低，一般地势每升高1 000米，气温就相应地降低6℃左右。所以乞力马扎罗山5 000米以上的海拔高度使得山顶的气温常在0℃以下，因而积雪终年不化，进而形成了这样的自然奇观。

根据气候的山地垂直分布规律，乞力马扎罗山从山顶至山脚分布着从冰原气候至热带雨林气候的各种气候。从山麓到山顶依次分布着热带、亚热带、温带和寒带的各种植被和动物，几乎囊括了两极至赤道的基本植被。所以尽管乞力马扎罗山山顶是冰天雪地，而山脚下却是一片热带风光，使得山麓与山顶仿佛就是两个世界。这座山峰因为极其优美的自然景色而被誉为"赤道上的白雪公主"。

知识宝库

雪线是多年积雪区的下界，为年降雪量与融雪量平衡的地带。其高度主要受纬度、降雪量、地形等因素影响。一般随纬度增高而降低，但最高处不在赤道和热带地区，而在副热带高压区。

马尼亚拉湖国家公园

PIN DU BAI KE

马尼亚拉湖，是众多鸟类的天堂，也是猴子的天堂，但它有让人恐惧的地方，那就是这里碱性极高的湖水可以透过人的皮肤，侵蚀肌肉，伤害身体。

马尼亚拉湖是坦桑尼亚北部的一个内陆湖，位于东非大裂谷内，在阿鲁沙西南96千米处。它由断层陷落而成，东西宽16千米，南北长48千米，面积325平方千米。

美国著名作家海明威曾把马尼亚拉湖描述为"非洲最可爱的地方"。每年的一定时期，火烈鸟云集湖区，绵延数千米，十分鲜艳亮丽。这里还生活着大象、长颈鹿、野牛、狮子、猴子等动物。这座公园以会上树的狮子、会爬树的巨蟒和浅色火烈鸟闻名，园内还蕴藏着天然食盐、碱以及鸟粪层等自然资源。公园于1960年被开辟为野生动物园。

坦桑尼亚北方、马尼亚拉湖附近有一个叫"姆托瓦姆布"的小镇。姆托瓦姆布是斯瓦希里语，意思是"蚊子河"。正如河的名字一样，一到夜间，无数的蚊子把河看成是自己的老家，肆无忌惮地在那里嗡嗡乱叫，绕着圈儿飞。

经过稀疏零散的灌木丛和干透了的草原，可以到达埃雅鲁卡。据说大约五百年前，有人在这样荒凉的地方居住过，作为当时房屋证明的大石壁还到处残留着。令人费解的是，建筑物竟然是很华丽的。

临近湖边，微微的苏打气味便扑面而来，在眼前出现的却是一个不可思议的世界。湖水咕嘟咕嘟冒着泡沫，像红色绘画颜料溢出来似的，从山上流进湖里的水也含

马尼亚拉湖是个游览胜地，也是众多鸟类的栖息地。

有一定比例的碱，不能当作饮用水来喝。这里是一片荒芜的世界，随处可见藏青色的、天蓝色的乃至紫黑色的污垢，像月亮表面隐约出现的黑影一般。马尼亚拉湖后边是海拔3 100米的活火山——伦盖火山，右侧耸立着盖拉伊山，还可以看见恩戈罗恩戈罗火山，在高山火山的衬托下，这里更显得阴森恐怖。在湖边，无论面对哪个方向，都没有树木一类可以依靠的东西，只有灰色的火山灰笼罩着一切。若是赶上旱季，天热得像下了火，阵阵热风吹来，让人觉得连呼吸都艰难。

在这阴森可怕的氛围里，只有一样东西与之很不相称，那就是活跃在湖面上数量达几十万只、一望无际的粉红色火烈鸟。它们成群地聚集在湖面上，几乎连一点空隙也没有。在那粉红色的大群里，即使是刚刚孵出来、一身灰色的小小的雏鸟也可以看得很清楚。火烈鸟本来是粉红色的，到了孵化幼雏时期，周身变得更加红艳，因而更加美丽，给这一带营造了春意盎然的气氛。

纳特龙湖的水只有30厘米深，是个浅湖，然而全湖的深度非常均匀，无论走到哪里都没变化，这对火烈鸟来说非常有利。为了保护幼雏，避免被鬣狗和胡狼等猎食动物伤害，它们便站在湖中间孵卵。这里各方面的条件对火烈鸟来说都是最适宜的，也是最安全的。火烈鸟以青色的藻类为食，而这种藻类只在苏打湖才有。它们吃藻的时候，把自己的脚跟露出一部分，把脑袋弯回来，用喙捞藻吃；喝水时，就找从山上流下来的稍微带点苏打的水来喝。由于纳特龙湖有这些适合火烈鸟繁殖生长的特殊条件，所以它们每年都会不远千里而来。

在纳特龙湖边游玩应尤为注意一点，就是不能随便下水。因为苏打会透过皮肤侵蚀肌肉，如果长时间站在苏打水里，会对身体造成极大的伤害，严重时甚至有可能截肢。

知识宝库

火烈鸟栖息于温热带盐湖水滨，涉行浅滩，以小虾、蛤蜊、昆虫、藻类等为食。觅食时头往下浸、嘴倒转，将食物吮入口中，把多余的水和不能吃的渣滓排出，然后徐徐吞下。火烈鸟个性怯懦，喜群居，常万余只结群而居。

图尔卡纳湖

PIN DU BAI KE

图尔卡纳湖是一个物产丰富的宝库,清澈的湖水哺育了那里的人们,孕育了灿烂的文化。图尔卡纳湖因其悠久的历史、深厚的文化底蕴以及迷人的景色而吸引了大批的游人。

在肯尼亚北部与埃塞俄比亚接壤处的大裂谷地带,地貌呈沙漠或半沙漠状态。然而,从高空俯视,图尔卡纳湖仿佛是一颗美丽的水晶球闪烁跳跃在一片灰黄的茫茫大地上。图尔卡纳湖是当今世界上最大的咸水湖之一。

图尔卡纳湖旧名叫鲁道夫湖——这是西方殖民主义者给它取的一个名字,鲁道夫是奥地利王太子的名字。直到1975年,肯尼亚政府改用居住在湖西岸马赛族一个叫图尔卡纳部族的名称来代替。

图尔卡纳湖形成于几千万年前,呈狭长的条带状,南北伸延290千米,向北直达埃塞俄比亚边界,东西宽50~60千米,最宽处约五十六千米,湖区面积约六千四百平方千米,湖面海拔375米,湖水最深部分在湖区南端,达73米左右。图尔卡纳湖湖水碧绿,水性清凉,味道虽咸,但可以饮用。它景色迷人,并且以"人类的摇篮"著称于世。

图尔卡纳湖是一个物产丰富的宝库,清澈的湖水曾经哺育了那里的人类,留下了灿烂的古代文化,湖区附近的史前人类遗址则历来就是世界各地游客以及地质学家、古生物学家和考古工作者们所神往的地方。

●由于图尔卡纳湖处于干旱地区,水源不足,湖盆周围的侵蚀作用比较微弱,因而到今天仍然停留在孤立隔绝的状态之中。

肯尼亚北部地区是一片望不到尽头的沙漠，这里由于干旱荒凉，人烟稀少，几乎不生长任何农作物，只是稀疏地分布着一些荆棘和灌木丛，当地居民以游牧或者半游牧业为主。

图尔卡纳湖的东岸，是一个名叫库波福勒的丘陵地带，山岭自北向南连绵起伏，山顶上光秃秃的，是一个人迹罕至的荒凉地带。可是在1967年，肯尼亚国家考古队队员们意外地在这一带发现了大批古人类化石、旧石器和哺乳动物化石，因此而轰动了世界。接下来的数年，考古工作者们又陆续在湖区附近大约一千平方千米的范围内发现了一百多个化石地点和旧石器遗址。其中一个旧石器遗址的年代竟在260万年以前，是目前已知的世界上最早的石器遗址之一，这说明早在260万年以前，库波福勒一带就已有人类生存，从而证实人类在地球上至少已生活了100万年，较之原来的50万年说又大大推进了一步。

图尔卡纳湖是由断层陷落形成的，是东非大裂谷东支许多湖泊中的一个。湖心有南、中、北并列的三个小岛，岛上长满了茂密的草丛。岛上还随处可见蝰蛇、眼镜蛇、响尾蛇等毒蛇。尽管气候恶劣，但是依然有一些游牧部落适应了这种沙漠炎热气候而长期居住在这里。这些部族至今仍保持着独特的生活习惯，过着原始的游牧和渔猎生活。

图尔卡纳湖水产丰富，鱼类繁多，个头也很大，有的鱼长约数米，重达数百千克。湖中盛产尖吻鲈、虎鱼、多鳍鱼等等。每当黄昏来临，大群羚羊从四面汇集，并有角马和斑马到湖边饮水。有时在湖边还可以见到河马、瞪羚、转角牛羚、长角羚、狷羚、斑马、狮子、猎豹等哺乳动物。

图尔卡纳湖简直是一个鳄鱼的"极乐世界"，那里的鳄鱼体型庞大，数量极多，这是留给人们最为深刻的印象。有时上百条鳄鱼聚集在一起，气势逼人，成年鳄鱼甚至有十几米长。鳄鱼性情凶猛，经常成群地爬到岸边草丛里，张着大嘴悄悄地等候在那儿，一旦有动物和人经过，它们便猛扑过来，将人或动物吃掉。湖岸的居民却并不害怕，也正是利用鳄鱼的这个特点，人们将活羊赶到湖边来诱捕鳄鱼，用鳄鱼的皮制成坚实美观的皮革品。

肯尼亚政府在湖畔修建了现代化的旅馆，设有多种内容丰富的旅游项目。游人可以租一条小船进入湖区撒网捕鱼。上岸后，游客们还可以把与自己身高相差无几的大鱼挂在木架上，自己站在鱼旁边拍一张照片，留作永久纪念。

知识宝库

图尔卡纳人属东非民族，主要分布在肯尼亚北部。约在17世纪前后由尼罗河上游迁入现在的居住地。系游牧民族，存在部落组织，但较为松散，一般以家庭为活动单位。社会是父系继承制和一夫多妻制。

刚果河

PIN DU BAI KE

刚果河是仅次于尼罗河的非洲第二长河。刚果河流域地处非洲赤道地区著名的刚果盆地,该流域有许多瀑布和湖泊。刚果河水量充沛,水能丰富,对非洲内陆的经济发展起到了重要作用。

刚果河流域地处非洲赤道地区著名的刚果盆地,呈典型的盆状,盆底海拔 300~500 米,周围为 500~1500 米的高原和山地。高原山地与盆底之间有许多陡坡和悬崖,河流在这些地段形成一系列瀑布,如著名的刚果河中游的博约马瀑布、下游的利文斯敦瀑布群。

在广阔的刚果河流域上,密集的支流、副支流和小河分成许多河汊,构成一个扇形河道网。这些河流从周围一处斜坡上流入一个中央洼地,这个洼地就是地球上最大的盆地——刚果盆地。刚果河流域具有非洲最湿润的炎热气候,最广袤、最浓密的赤道热带雨林。刚果河中鱼类资源丰富,另外还有许多鳄鱼。森林区的外围是热带大草原带。

刚果河又称扎伊尔河,是非洲第二长河,位于中西非。干流流贯刚果盆地,河道呈弧形穿越刚果民主共和国,沿刚果边界注入大西洋。刚果河全长约四千七百千米,流域面积约三百七十万平方千米,其流域面积和流量均居非洲首位。由于流经赤道两侧,河水获得南北半球丰富降水的交替补给,具有水量大及年内变化小的水情特征。

刚果河从谦比西河算起,到基桑加尼为上游,长约两千二百千米,该河段自南向北流经高度不等的高原和陡坡地带,水流湍急,多河流、湖泊、瀑布和险滩。从基桑加尼至金沙萨为中游,长约一千七百千米,流经地势低平的刚果盆地中部,支流众多,河网密布,河道纵坡平缓,水量丰富。金沙萨以下,进入下游,长360千米。下游刚果河切穿晶山山脉,穿越一百余千米的峡谷地带,河宽收缩到400米以下,最窄处仅二百余米,形成一系列瀑布,组成了世界著名的利文斯敦瀑布群。从马塔

● 虽然刚果河流域有本大陆最重要的木材资源，但是伐木业仍然极不发达，主要因为内地太难于进入，同时也因为将木材运至海滨的运费太贵。

迤往下，河道扩展，河宽水深，水流分支，河口处宽达数千米。刚果河河口是非洲大河中唯一的深水河口，它对航运的发展起到了非常积极的作用。

刚果河干流两次穿越赤道，水量丰富的众多支流从赤道两侧相继汇入，使刚果河常年流量大而稳定，具有典型的赤道多雨区河流的水文特征。刚果河及其支流构成了非洲最稠密的水道网，水量充沛，是非洲水能资源最丰富的大河，全流域有43处瀑布和数以百计的险滩及急流。此外，刚果河流域还有许多大湖泊。

桑加河是刚果河的右岸支流，部分河段为刚果共和国与喀麦隆的界河，流经中非共和国和刚果共和国，在莫萨卡附近注入刚果河。由曼贝雷河与卡代河汇流而成，从卡代河源头起全长约一千三百千米，形成的20万平方千米流域面积，卡代河和曼贝雷河的最高水位出现在6～7月，桑加河下游在10～11月流量最大，其次是4～5月。

刚果河左岸最大支流是开赛河，发源于安哥拉

的隆达高原。河流全长1 940千米，流域面积90万平方千米。自河源向东北流，然后折向北方，再向西北流，于夸穆特附近注入刚果河。源河名叫卢比拉什河，河流先向北流，然后转向西流，在马伦贝附近汇入开赛河。

知识宝库

刚果盆地位于非洲中西部。盆地呈方形，赤道横贯其中部。由古老变质花岗岩、片麻岩、片岩、石英岩等组成。地形周围高中间低，除西南部有狭窄缺口外全被高原山地包围。内部为平原，地势低缓，从东南向西北倾斜。

迦太基

PIN DU BAI KE

坐落在非洲北海岸的迦太基与罗马隔海相望，此地是到突尼斯旅游的必游之地。迦太基位于突尼斯城东北17千米处，濒临地中海，是奴隶制国家迦太基的首都。

现在人们所见到的迦太基残存的遗迹大多是罗马人在占领该地时重新修建的。从仅剩的剧场、公共浴室和渡槽等遗迹中就可以看出当时工程之浩大，设计之精良。在迦太基古迹附近还建有一座现代化博物馆。博物馆中陈列着大量珍贵的历史文物，有极高的研究价值。

从仅存的资料来看，迦太基建城的确切时间无从考证。但大多数人都认为，大约在公元前9世纪，由腓尼基人组成的一个叫推罗的城邦的移民横渡地中海建立了迦太基，后来这里成了贩卖奴隶及海上贸易的中转站。

公元前9世纪末，腓尼基人在迦太基建立殖民城邦。迦太基大约在公元前8~前6世纪开始向非洲内陆扩展，从此控制了北非的大部分腓尼基人的殖民地。与此同时，迦太基还向西地中海进发，并占领了西班牙南部海岸及其附近岛屿、撒丁岛、科西嘉岛及西西里岛西部等地区，称霸西地中海，并与希腊分别控制着地中海的西、东两边，发展成为强大的奴隶制国家。首都为迦太基城（现在的突尼斯城）。公元前3世纪70年代，罗马作为迦太基的有力竞争对手而出现，并爆发了历史上著名的"布匿战争"，最后迦太基灭亡。公元147年，迦太基城被罗马军夷为废墟。

突尼斯的迦太基故事,以无人从战火中逃离为结局。于是迦太基人成了一个被战火吞噬的历史名词,这一族群完全灭绝了。

罗马与迦太基之间曾发生冲突，爆发了布匿战争。图为今日的迦太基古城风光。

突尼斯的迦太基故事，以无人从战火中逃离为结局。于是迦太基人成了一个被战火吞噬的历史名词，这一族群完全灭绝了。

突尼斯北方的迦太基遗址空旷得近乎荒凉，可午后的阳光打在废墟残骸的墙上，就像是金色年华，灿烂无比。其实，人们脚下的已不是迦太基文明的残留，而是当年大败迦太基的罗马文明胜利的遗迹，迦太基文明早已深埋在罗马文明之下。

关于迦太基文明，还有一段悠久的故事。

相传公元前9世纪，腓尼基公主艾丽莎为了逃避其兄长的追杀，带着金银财宝和随从来到此地。艾丽莎机智地用一块牛皮向当地人换了一块地，在这块地上，建立了狄多王朝。这个王朝迅速崛起，成为富足的通商国，它足以和希腊、罗马等国相媲美，最终成为地中海富庶、活跃的国家，这就是迦太基的前身。与此同时，该国引起了各国的觊觎，还和罗马人大动干戈。

迦太基的名将汉尼拔是个天不怕地不怕的人物，他创下历史上无人可敌的辉煌战绩。他曾带领手下人突袭罗马人，打倒西班牙，还翻越阿尔卑斯山，三败罗马军团，但一个人却无法阻止迦太基人后来的悲剧。

公元前149年，罗马人趁汉尼拔率军攻打罗马后门时，突袭无人守卫的迦太基，令此处一个活口也未留下。自此，迦太基成了罗马帝国的一省。

在迦太基遗址中，有一处古代腓尼基人建造的两个港口，它挖掘的渠道与地中海相连，以水位的高低来控制船只进出，这里最多可停泊船只两百余艘。这两个港口遗址分别为军港和商港，商港较小，位于圆形军港的南边。这两个港口虽然小了些，但是毕竟还是说明了腓尼基人很早就擅长航海经商的事实。

安东尼浴场修建于罗马皇帝安东尼时期。现如今，地面建筑就只剩下了柱石残墙。但从底层结构依稀可以看出更衣室、热水游泳池、按摩室、蒸浴室和健身室的遗迹。供浴室用的水是通过渡槽从60千米外引进来的。渡槽全都是由石头筑成的，可惜的是现在渡槽已为数不多，而能储存3万立方米的储水池至今仍能使用。

迦太基是古代统治地中海地区的普尼尔文明的见证，因此，它又被称为"国家考古公园"。

知识宝库

突尼斯共和国位于非洲北端，隔突尼斯海峡与意大利相望。其国土面积164 150平方千米，海岸线长1 200千米。突尼斯人口991万（2007年），主要是阿拉伯人，另有少数柏柏尔人。以伊斯兰教为国教，阿拉伯语为官方语言。

绝美的地球奇观胜景

Juemei De Diqiu Qiguan Shengjing

3

欧 洲

Ouzhou

阿尔卑斯山脉

PIN DU BAI KE

阿尔卑斯山脉有着晶莹的雪峰、葱郁的树林、清澈的山间溪流。它绵延起伏，色彩缤纷，并蕴涵着无数奇丽的自然景致，仿佛亭亭玉立的仙女，以妖娆妩媚的姿态展现在世人面前。

阿尔卑斯山是欧洲最高大、最雄伟的山脉。晶莹的雪峰、浓密的树林和清澈的山间流水共同组成了阿尔卑斯山脉迷人的风光。阿尔卑斯山脉西起法国东南部地中海岸，经瑞士南部、德国南部、意大利北部，东至奥地利维也纳盆地，总面积约二十二万平方千米，山脉绵延起伏，长1 200千米，宽120~200千米，东宽西窄，最宽处可达300千米。

阿尔卑斯山山势高峻，平均海拔约在三千米左右，山脉主干向西南方向延伸为比利牛斯山脉，向南延伸为亚平宁山脉，向东南方向延伸为迪纳拉山脉，向东延伸为喀尔巴阡山脉。阿尔卑斯山脉可分为三段：西段是西阿尔卑斯山，从地中海岸经法国东南部和意大利的西北部，到瑞士边境的大圣伯纳德山口附近，为山系最窄部分，也是高峰最集中的山段。位于法国和意大利边界的勃朗峰是整个山脉的最高点，在蓝天映衬下洁白如银；中段的阿尔卑斯山，介于大圣伯纳德山口和博登湖之间，山体最宽阔。这里的马特峰和蒙特罗莎峰也是欧洲比较著名的山峰；东段东阿尔卑斯山在博登湖以东，海拔低于西、中两段阿尔卑斯山。

阿尔卑斯山脉地处温带和亚热带纬度之间，因此它成为中欧温带大陆性湿润气候和南欧亚热带夏干气候的分界线，而它本身还具有山地垂直气候特征。山地气候冬凉夏暖，阳坡暖于阴坡。但高峰上全年寒冷，在海拔2 000

阿尔卑斯山以其挺拔壮丽装点着欧洲大陆，可谓是一道亮丽的冰雪风景线，它是欧洲最大的山地冰川中心，"艾格尔峰""明希峰"和"少女峰"三大名峰均屹立在阿尔卑斯山脉。

知识宝库

针叶林是以针叶树为建群种所组成的各类森林的总称。包括耐寒、耐旱和喜温等类型的针叶纯林和混交林。主要由云杉、冷杉、落叶松等一些耐寒树种组成。通常称北方针叶林、泰加林。

米处，年平均气温为0℃。山地年降水量一般为1 200~2 000毫米，但因地而异：海拔3 000米左右为最大降水带；高山区年降水量超过2 500毫米；背风坡山间谷地降水量只有750毫米。冬季山上有积雪，在勃朗峰3 000米高处，年降雪达20米，但在莱茵河河谷的茵斯布鲁克，3月的积雪区向下延伸至海拔900米，5月间升高至1 700米，9月升至3 200米，再往上就是终年积雪区了。

这样明显的山地气候，使阿尔卑斯山脉的植被呈明显的垂直变化特征。这里可以分为亚热带常绿硬叶林带，即山脉南坡800米以下；森林带，即南坡800~1 800米，下部是混交林，上部是针叶林；森林带以上，即1 800米以上为高山草甸带；再向上则大多都是裸露的岩石和终年积雪的山峰。山区有居民居住，西部生活着拉丁民族，东部生活的是日耳曼民族。山里也可以看见很多动物，如阿尔卑斯大角山羊、山兔、雷鸟、小羚羊和土拨鼠等。

特殊的地理环境造就了它独特的景观：高山植物和雪绒花，岩洞中的石钟乳，湍急的瀑布，独特的动植物等，风光秀丽迷人；而那些角峰锐利，嶙峋挺拔的冰蚀崖、悬谷则呈现出一派极地风光。阿尔卑斯山地由于冰川作用又形成了许多湖泊，最大的湖泊是日内瓦湖，另外还有苏黎世湖、博登湖、马焦雷湖和科莫湖等，欧洲许多大河都发源于此，水力资源丰富，美丽的湖区是旅游、度假、疗养的胜地，吸引了无数的游客。

阿尔卑斯的草原和森林相间，地势广阔，水肥草美，牧马成群。山脚下，黄白相间的奶牛在悠闲踱步，红瓦尖顶的住家小屋仿佛漂浮在这姹紫嫣红的花海间。更有一些不知名的河流，颜色如晴空般的蓝，荡漾着雪山的倒影。

阿尔卑斯山是欧洲的旅游胜地，世界著名的滑雪胜地——圣莫里茨高山滑雪场就位于阿尔卑斯山脉的中心地带，是世界最佳的高山滑雪场所，这里有海拔超过3 000米的高山滑道，可以让你化身为白色世界里翱翔的雪域雄鹰。

易北河

PIN DU BAI KE

古老的易北河如玉带般蜿蜒于峡谷之中，风光秀丽，气候宜人。无论是在破晓的晨曦中，还是在夕阳的余晖里，易北河永远都是忙碌的，它以优雅的姿态奔向远方……

易北河在欧洲中部，是中欧流经捷克和德国的一条河流。起源于巨人山脉，流经捷克波希米亚山脉和易北砂岩山脉后，部分沿着冰蚀谷在德国北部的库克斯港注入北海，全长1 144千米，流域面积达14.5万平方千米。入海处形成2.5~15千米的河口湾，海轮上溯可达汉堡，德国的皮尔纳以下可通行千吨以上轮船。易北河的结冰期是1~3个月。

易北河主要支流有伏尔塔瓦河，还有穆尔德河、萨勒河、施瓦策埃尔斯特河以及哈弗尔河等。河口附近年平均流量710米/秒。易北河的航运作用很重要，从河口至科林共通航940千米，有运河分别与奥得、威悉等河相通。舍内贝克、阿肯、德绍、里萨、德累斯顿、马格德堡等是易北河的重要河港。

伏尔塔瓦河发源于德国与捷克交界处的舒马瓦山脉东南坡，是易北河最大的支流，河流先向东南方向流，然后转向北流，卢日尼采河和贝龙卡河等支流先后汇入，流经布拉格，最后在梅耳尼克附近从左岸注入拉贝河。

● 位于易北河上游的萨克森地区，拥有草木如茵的山谷，千姿百态的奇峰，独特的平顶山头和古老的城堡，加之易北河如玉带般蜿蜒于峡谷之中，气候宜人，有"萨克森小瑞士"之誉。

哈弗尔河是易北河右岸最大的支流，上游为施普雷河，发源于齐陶附近，处于波兰、捷克和德国三国交界附近。河流在柏林以西15千米处流入哈弗尔湖，因此，从湖中再流出的河流被称为哈弗尔河。哈弗尔河继续向西流，后又转向北流，在哈弗尔贝格附近注入易北河。

从河源至德累斯顿是易北河的上游，流经波希米亚，当地人称拉贝河。维滕贝尔格和劳恩堡之间的河段，历史上曾为东、西德的界河。汉堡以下，河面展宽，海轮上溯109千米直达汉堡，使汉堡港成为欧洲大陆最大的海港。

顺着易北河游览，特别引人入胜的还有巴斯泰石林。石林其实也是山地景观，但因山石的主要成分是砂石，耐不住长期的风雨侵蚀，结果变成了一个个奇形怪状的石柱。远远望去，就如一片丛林。这里处处砂岩峭壁，怪石林立，仅仅以栈道和石桥相连。登上石林的最高处——巴斯泰弗尔森绝顶的观景台，极目远眺，一侧是黄绿相间的瑞士乡村风光，一侧是起伏的砂岩，视觉效果上的强烈反差带来了不一样的审美感受。

易北河靠近捷克边境的巴德桑岛砂岩山脉地域，那里以富铁矿泉著称。巴德的德文为"沐浴"之意，城市以温泉得名。温泉能够养生、休闲养神，美景养性，是天赐的疗养福地；圣约翰教堂、哥特式建筑雄伟雅致；河畔树荫小径悠闲宁静，漫步其中，让人心旷神怡；城东

还有高耸的斯劳姆砂岩，登高可尽览易北河河畔风光；还有利希坦汉勒瀑布，也是雄伟壮观的奇景。

易北河中下游流经德国东北部平原洼地，水流缓慢，落差较小，风光秀丽，浪漫怡人。从汉堡码头可步行到享有"最美丽大街"盛誉的易北河大道，汉堡最美丽的别墅群即富人的聚居地——白沙堤就坐落在此，站在白沙堤的小山上能把易北河和整个港口的美景尽收眼底。不论是在破晓的晨曦中，还是在落日的余晖里，易北河永远是忙碌的。

知识宝库

伏尔塔瓦河是捷克西部河流，易北河上游拉贝河左岸支流。它源出舒马瓦山，先向东南再向北流，经首都布拉格，在梅尔尼克汇入拉贝河。从河口到布拉格以南建有多道水闸，可通航84千米，还建有水库和水电站。

曾被称为『苏马山』的维苏威火山是欧洲大陆唯一的活火山。它有着悠久的历史。著名的庞贝古城就毁于它的喷发之下。山上草木稀疏，一派荒凉景象，然而即使如此，也难以阻止人们探寻的脚步。

维苏威火山

PIN DU BAI KE

维苏威火山位于意大利那不勒斯湾之滨，在那不勒斯市东南。维苏威火山海拔1 280米，是欧洲大陆唯一的活火山，它也是意大利乃至全世界最著名的火山之一，世界上最大的火山观测站就设在此处。维苏威火山原本是海湾中一个普通的岛屿，因为火山爆发，喷发物质逐渐堆积，最终和陆地连成了一片。

维苏威火山是一座截顶的锥状火山。火山口周围是长满野生植物的陡壁悬崖，岩壁上还有缺口。从高空俯瞰维苏威火山的全貌，那是一个漂亮的近圆形的火山口，而这正是公元79年的火山大喷发形成的。

火山口的底部不长草木，是比较平坦的地带。在火山锥的外缘山坡上，覆盖着适合于耕作的肥沃土壤，因此在很久以前人类就开始在这里繁衍生息，逐渐形成了兴盛的赫库兰尼姆和庞贝两座繁荣的城市。维苏威火山在公元前的喷发次数并没有详细记载，但公元63年的一次地震对附近的城市造成了相当大的损失。从这次地震起一直到公元79年，小地震频繁发生，可是公元79年的一次大喷发，把附近的庞贝、赫库兰尼姆与斯塔比奥等城全部湮没，其他几个有名的海滨城市也遭到严重破坏。此后地震逐渐增多，强度也越来越大，多次发生火山大爆发。

公元79年的大爆发是最骇人的，开始时有一股浓烟柱从维苏威火山直线上升，后来逐渐向四面扩散，形状很像蘑菇云。蘑菇云里偶尔有闪电似的火焰穿插，火焰闪过后，是一段异常恐怖的黑暗。火山喷出黑色的烟云，炽热

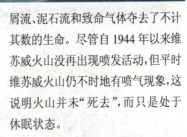

• 维苏威火山过去被称为苏马山或索马山，其古老山地的边缘部分呈半圆形，环绕在目前的火山口周围。

的火山灰石雨点般落下，有毒气体涌入空气中，火山灰飘扬得很远。赫库兰尼姆城因距火山口较近，被掩埋在二三十米下的火山灰中，个别地方深达三十多米，一些覆盖物和泥浆迅速填充到房屋内部和地下室内，赫库兰尼姆城从此消失无踪，一点痕迹都没有留下。一直到了1713年，人们打井时无意打在了被埋没的圆剧场的上面，这才发现了赫库兰尼姆和庞贝两座城市。在一些房屋的地下室里，发现了被埋在火山灰和泥石流中的人，这些人被包裹在火山灰和泥石流硬化了的凝灰岩中，这些姿态各异的尸体都被完好地保存着。

维苏威火山观测站建于1845年，位于火山附近。这是世界上最早建立的火山观测站，经过多年的发展，里面的设施已非常现代化：一楼大厅里的展板上介绍有关火山的知识，电脑上能够显示火山喷发过程的模拟图像。观测站的一楼和地下一层还建有火山博物馆，陈列着各种火山喷发物。玻璃柜中还展示着从庞贝古城挖掘出来的"石化人"。

还有一个有趣的记载，1944年维苏威火山喷发时，从火山顶部的中心部位流出大量熔岩，喷出的火山砾和火山渣高出山顶约几百米。火山爆发的奇妙景观是很多人终生都难得一见的，当时同盟国军队与纳粹士兵正在激战，火山爆发的奇景使他们都忘记了战争，而争相跑去观看这一大自然的奇观。

一直以来，维苏威火山多次喷发，熔岩、火山灰、碎屑流、泥石流和致命气体夺去了不计其数的生命。尽管自1944年以来维苏威火山没再出现喷发活动，但平时维苏威火山仍不时地有喷气现象，这说明火山并未"死去"，而只是处于休眠状态。

虽然维苏威火山仍有喷发的可能，但是活火山周围依然居住着上百万人口。火山上虽然荒凉、险恶，可是山脚下却遍布着果园和葡萄园，人们并未因害怕而远离这里。这里的人民防灾意识都比较强，而且维苏威火山观测站也起到了很大的作用。

知识宝库

火山因喷发方式不同而有差异，典型的火山地貌表现为顶部有漏斗状洼地的锥体孤立山峰，山顶的洼地称"火山口"，火山口蓄水则形成湖泊称为"火口湖"。火口湖边堆积着颜色深浅不一的火山灰。

比萨斜塔

PIN DU BAI KE

大名鼎鼎的比萨斜塔坐落在意大利比萨城东北角的奇迹广场上，它并不是一座塔，而是比萨主教堂建筑群的一部分——钟楼。1987年联合国教科文组织将其作为人类文化遗产，列入《世界遗产名录》。

始建于1174年的比萨斜塔，到1350年才全部完工，历时百年之久。除了几根柱子为花岗石外，其余全部材料都是大理石。比萨斜塔总高约五十五米，塔的截面为圆形。塔内有螺旋状楼梯294级，可盘旋而上直至塔顶。

比萨斜塔在刚开始建造时是直立的，但是由于地基打得不深，土层强度低，当第三层完工时，塔身便开始倾斜。负责建造的工程师想了很多种方法试图补救，但结果并不理想，最后他们不得不停止施工。101年后，对斜塔继续进行施工的重任落在了建筑师西蒙的肩上。他于1275年开始着手这项工作，此时，他发现塔的第三层上缘已经倾斜九十多厘米。1284年西蒙又把塔高增加了三层。当然，西蒙和后来的建筑师也要顾及建筑物的倾斜问题。为了减轻斜塔上部的重量，西蒙不仅减薄了墙壁，而且采用轻质灌注材料，在内外壁之间留有30~80厘米宽的空腔，越到上面，空腔越大。

人们今天所看到的斜塔完成于1350年。第七层、第八层及钟架是在最后一个建筑师比萨诺的手里建成的。第七层与第八层之间，斜塔来了个转折，即第八层是倾向于北面的（整个塔身向

知识宝库

在 1590 年，意大利物理学家伽利略在比萨斜塔上公开进行自由落体实验，推翻了希腊学者亚里士多德关于不同质量的物体落地的速度不同的理论。比萨斜塔因此更加著名，世界各地游客纷至沓来，争相一睹斜塔风采。

南倾斜）。此外，斜塔没有楼顶，建筑师们以此来减轻重量和平衡倾斜。此时，塔顶中心点已偏离垂直中心线 2.1 米。

比萨斜塔自建成以来，每年都以 1~2 毫米的速度倾斜，至今倾斜度已达 5.5°。优良的建筑品质是斜塔久立不倒的主要原因。每块砖都紧紧黏合在一起，使斜塔保持着良好的完整性。

为了挽救斜塔，人们献计献策，提出了各种设想：有的人想用系绳气球提吊斜塔，减轻塔身对地基的压力；有的人想把斜塔"拔"出地面，一砖一砖重新修整。

但是，比萨城是在一个河谷的冲积地建立起来的，塔又建在一个不平坦的小坡顶，地基下的黏土层受重压而紧缩，受压不均匀，导致地面建筑物倾斜，地下潜水层一再变动，也会导致黏土层的收缩。因此，只有改善塔基下的地质状况，才能从根本上解决这一问题。

刚开始时，所有举动似乎都是不安全的。不过，1970 年实行的举措倒是成功的。在方圆 3 千米以内禁止取用地下水，地下水位因此稳定，从而使斜塔倾斜速度放慢了。

1990 年，人们对停止接待游客的比萨斜塔进行加固维修：斜塔的底檐被 18 根钢缆箍起来，这样，底座和地基就可以牢牢地固定在一起了。随后在石基座上加了用钢筋及混凝土制成的壳状物，往北侧上翘的地基里灌进近六百吨铅液，以平衡南侧的力量。这一举措效果颇为明显，到 1993 年底，塔身非但没再倾斜，反而向北侧矫正了 4 毫米。

其实，人们也不必过分担心斜塔的安危。因为按照现在斜塔每年倾斜 1~2 毫米的速度，由万有引力定律计算得出，塔的北端大约在 2 000 年以后才能超过原有的垂直中心线，从而塔才会倒掉。相信到那时，人类一定会找到更好的办法，阻止这一情况的发生。

庞贝古城遗址

PIN DU BAI KE

庞贝古城那神奇的太阳神庙,巨大的斗兽场,恢弘的大剧院吸引了地中海周边的无数游客,而城北维苏威火山喷发产生的奇异岩浆土、火山石及地热温泉,更使庞贝名扬四海!

庞贝古城是古罗马的一座城市,位于意大利南部那不勒斯的附近,其西北方就是著名的维苏威火山。到了公元前3世纪,庞贝城里商贾云集,成为仅次于意大利古罗马的第二大城市。由肥沃岩浆土长出的葡萄使庞贝出产的葡萄酒风味绝佳,成了各地贵族争相购买的上品;那神奇的地热温泉吸引了许多贵族、富商纷纷来到庞贝造花园、建别墅,使庞贝很快成为经济发达的繁华之地。然而,谁能想到就是给庞贝带来数不尽好处的维苏威火山,居然在瞬间将庞贝古城湮没了。

1748年,一位农民在自家的葡萄园里发现了古城曾经的用品,消息传开,祖辈相传的关于庞贝失踪的传说便在这片土地上流传开来。而后,一批

批考古学家和历史学家也被吸引到了这里。后来意大利政府根据专家们的建议,于1876年开始组织科学家,有序地发掘庞贝古城。经过系统的挖掘后,庞贝古城宛如火凤凰般再度从维苏威火山的灰烬中复活。

被发掘出来的庞贝城中保留了大量壁画,人们将这些壁画划分成庞贝第一、二、三、四风格。第一风格为镶嵌风格,第二风格为建筑风格,第三风格是埃及风格,第四风格是庞贝的巴洛克风格。表现了对酒神献祭的壁画《密祭》是庞贝城壁画第二风格的代表作,壁画描绘了这样一幅情景:在深红色的背景上,祭祀的场面一步步展开,那些紧张的少女、狂饮的萨陀尔和焦虑的女信徒都处于一种肃穆、神秘和紧张的气氛中。

已经发掘出的庞贝古城只有1/3,其余部分还埋在地下。但在1.8平方千米的土地上,用白色、青色巨石铺筑的大街小巷就达几十条。街巷方正整齐,小的宽两

米左右，大的约有四五米宽，整体布局就像我国唐代的长安城。人们发现这里的每条人行道都比马路要高出一二十厘米，仔细察看，原来古罗马马车非常发达，中间的路面留下了一道道很深的车辙，被磨低了一二十厘米深。看来当时道路中间疾驰的应是武士和贵族的大马车，而小市民和奴隶只能在道路两旁行走。最令人称奇的是在所有的交叉路口，居然都有像现在的斑马线一样的限制超速的石头，每条路口都设置着一块块凸起约三十厘米高的"隔车石"，当飞奔而来的马车临近交叉路口看到"隔车石"，自然放慢速度，车辆只能从巨石夹缝中缓缓驰过。

人们还能在许多街口和交叉巷口看到刻有浮雕的大石槽。石槽上的浮雕有神面、兽头、鱼嘴，石槽的背后都连接着青铜管子，上面还有能旋扭的水龙头。旋扭水龙头，就会流出汩汩的山泉，这一设施在当时是非常

先进的，现在也只有发达国家的一些城市中才有这样的设施。

人们经过研究发现，庞贝古城的壁画与一般的古罗马壁画确实不同，因为里面掺有 10~25 微米的结晶物，这种大小的结晶物显得更加透明，同时使色彩更加柔和深沉，它使得庞贝古城壁画中的红色接近于红赭色。

古城的四周是用石头砌成的城墙，建有 7 扇城门和 14 座塔楼，可以想象出当年是何等的壮观雄伟。城内的主干道是两条笔直的大街，将全城分成"井"字形。城中央分为九个区，区中各有交织的街巷。大街上全部铺设石块。城中还有一座广场，在广场东南是庞贝城最高的建筑——大会堂，是法院和市政厅的所在地。城中另一座比较高的建筑是商业大厦。在广场的东北是一座商场，这里曾经店铺林立，琳琅满目的商品看得人眼花缭乱。古城的东南角建有两座露天剧场，笑剧和音乐剧就在这里隆重上演。

曾经沉寂千年的城市再次出现在世人的面前，希望每个走上这片古城土地的人，都能在感慨之后思考一下，人类要如何与自然相处，灾难才不会再次发生！

> **知识宝库**
>
> 维苏威火山是意大利南部的一座活火山，也是欧洲大陆唯一的活火山。它位于那布勒斯东南 10 千米处。火山原是海湾中一个小岛，后经一系列火山喷发堆积的喷出物将其与陆地连为一体。

佛罗伦萨大教堂

PIN DU BAI KE

位于意大利佛罗伦萨的佛罗伦萨大教堂是意大利的著名教堂,意大利文艺复兴时期建筑的瑰宝。佛罗伦萨大教堂是13世纪末教会从贵族手中夺取了政权后,作为共和政体的纪念碑而建造的。

佛罗伦萨大教堂也被人们称为"花城圣母玛利亚大教堂"。1296年由阿诺尔福开始设计兴建,后来乔托、布鲁内莱斯基、吉贝尔蒂和凯洛佐等人亦陆续参与设计和施工。

最终建成的佛罗伦萨大教堂属于佛罗伦萨哥特式建筑风格,它的装饰华丽。在其右侧高85米的钟楼都是用托斯卡那白、绿、粉色花岗石贴面而成。楼内有370级台阶,登顶后全城景色一览无余。教堂的边上还有一座八角形的洗礼堂,青铜大门上雕有著名的"天堂之门",是基贝尔蒂花费21年时间创造的杰作,将《旧约全书》的故事情节分成10个画面,从左到右从上到下依次是亚当和夏娃被逐出伊甸园、该隐杀害他的兄弟亚伯、挪亚醉酒和献祭、亚伯拉罕和以萨献祭、以扫和雅各、约瑟被卖为奴、摩西接受十诫、耶利哥的失败、菲利士人的战争、所罗门和示巴女王。

内径42米、高三十多米的八角形教堂穹顶是世界上最大的穹顶之一,如果再加上其正中央的希腊式圆柱的尖顶塔亭,高度可达107米。45米宽的圆顶最初是用木材制成的,后来在其设计师的倡导下对其进行了改造。采用由

佛罗伦萨大教堂是13世纪末行会从贵族手中夺取了政权后,作为共和政体的纪念碑而建造的。

总重达 37 000 吨的几百万块石块组成。两条过道和罗马教廷的十字架位于教堂的中心位置。

大教堂内部墙壁上挂有著名的壁画《最后的审判》。同时，人们可以通过环廊到达穹顶内部。在中央穹顶的外边，在各多边形的祭坛上也会看到一些半穹形，与上面的穹顶交相呼应。呈现出华丽风格的外墙，由以黑色、绿色、粉色条纹大理石砌成的各式格板和精美的马赛克雕刻以及石刻花窗构成。整个穹顶总体外观稳重端庄，比例和谐，没有飞拱和小尖塔之类的东西，水平线条明显。除大教堂以外，整个建筑群中的钟楼和洗礼堂也是很精美的建筑。钟楼分 4 层，每层 187.7 平方米；建于 1290 年的洗礼堂高约 31.4 米，建筑外观端庄均衡，以白色、绿色大理石装饰墙面。

位于佛罗伦萨市杜奥莫广场和相邻的圣·日奥瓦妮广场上的佛罗伦萨大教堂，是由大教堂、钟塔和洗礼堂组成的一组建筑群。在 1296~1462 年，佛罗伦萨的繁盛时期建造的大教堂是整个建筑群的主体部分。教堂平面呈拉丁十字形状，本堂宽阔，长达 82.3 米，由 4 个长为 18.3 米的正方形的间跨组成，形状很特殊。教堂的南、北、东三面各有一个半八角形巨室，巨室的外围包括有 5 个呈放射状布置的小礼拜堂。

作为意大利文艺复兴时期建筑瑰宝的佛罗伦萨大教堂，同时也是一座藏有许多文艺复兴时期艺术珍品的博物馆。收藏的珍品中有意大利雕刻家多纳太罗的作品《先知者》，这是多纳太罗于 1423~1425 年在大教堂的钟楼上雕刻的大理石像。主人公的头光秃着，虽其貌不扬却极富智慧，他略微低头，似乎在向人们述说着什么。这里还有意大利雕刻家戴拉·罗比亚于 1453 年在大教堂内唱诗席上雕刻的大理石浮雕《唱歌的天使》。几位天使身着平民服装，既无神圣光环又无背部翅膀。站

在前面的两位天使摊开赞美诗,并肩齐声高唱赞歌,给人一种很庄重又很亲切的感觉。这里还有意大利雕刻家狄·盘果约 1420 年在大教堂侧门上雕刻的《圣母升天图》。

大教堂内还陈列着许多名家的绘画,其中一幅是于 1465 年创作的但丁像。达·芬奇、米开朗基罗、伯鲁涅列斯基、马基雅弗利、伽利略等历史巨人,都曾在此学习过人体的透视画法。

今天的佛罗伦萨大教堂已经对世界各国游人开放。漫步在佛罗伦萨大教堂的周围,你会发现来自世界各地的游人络绎不绝,他们的目的都只有一个,那就是要目睹欧洲中世纪哥特式大教堂的风采。

恢弘磅礴的佛罗伦萨大教堂每年都会迎来数以万计的游客。

知识宝库

佛罗伦萨是意大利的文化名城,也是托斯卡纳区的首府。它位于亚平宁山脉中段西麓、阿尔诺河流域的山间盆地中,东南距罗马 230 千米。这里冬季温暖多雨,夏季炎热干旱。

米兰沙龙

PIN DU BAI KE

米兰为伦巴第的首府和米兰省省会，是意大利第二大都市。该市拥有丰富的人文景观和旅游资源。米兰市的旅游业是以大教堂为中心发展起来的。杜奥莫主教堂是欧洲大陆的第三大教堂。

为了能找出一个适合的方法扩展教堂周围的土地，米兰市的一些长老们决定于1860年举办一次建筑师资格的考试，结果波隆纳的建筑师朱塞佩·曼哥尼在考试中脱颖而出。

1865年，曼哥尼的设计得以执行。他在斯卡拉广场和教堂广场之间，设计了顶端是弯曲圆顶的用玻璃覆盖的拱廊，这是以往只能在罗马圣彼得教堂才能看到的样式。米兰的维托里欧·艾曼纽拱廊以45米高的玻璃和钢铁圆顶为特色，和罗马圣彼得大教堂的圆顶不相上下。这位建筑师想建造的不仅是中产阶级的教堂，而且还是罩有顶棚的高档购物区。

五层楼的十字形回廊的巨大规模令人难忘：一轴长196米，另一轴长105米，交叉中心是一个八边形的圆顶，直径有36米。曼哥尼设计了名人堂，里面描绘的却不是圣人像，而是艺术、科学和工业等领域著名人物的画像。美丽的大理石地板上的马赛克镶嵌图表现了萨佛伊皇家的家谱和这个意大利省的盾徽。

1861年，意大利宣告统一后，曼哥尼把他的任务看作民族意识的化身。意大利国王维托里欧·艾曼纽二世曾经为意大利的统一做出很多贡献，曼哥尼想借助此工程对国王表达特别的敬意，可以说，曼哥尼具有很深的爱国主义情结。他将两千多名工人花费了一年半的时间建成的回廊献给了国王，国王在1867年9月15日启用了它。国王觉得教堂周遭仍然缺少一些东西，因此他决定增建一座凯旋门。10年后，建筑师曼哥尼从拱顶施工的鹰架上坠地身亡，但他可以安息，因为在死前他已经知道他的回廊工程是成功的。米兰人喜爱这个回廊，称这里为米兰沙龙。

如果你漫步米兰街头，就会看见沿着商店闲逛的女士和先生们，他们个个衣着华丽，因为米兰人十分看重"给人一种好印象"。碧菲酒吧是人们聚

会的好去处。这家宽阔的大酒吧有特别的员工，服务很周到。而靠近通往教堂的出口，由嘉士佩拉·康巴瑞经营的小酒吧也特别受欢迎，在这里供应一种很特殊的餐前酒，最终以"康巴瑞"之名赢得了国际声誉。

目前，不再是米兰的文化和社会生活中心的维托里欧·艾曼纽二世回廊，仍然是米兰生活的一面镜子，同时也是一个舞台：人们既是演员也是观众，精明的商人正要前往谈一笔笔生意，背着行囊的旅行者正在大理石路上享受美食，游客对着商店和回廊建筑尽情拍照……

回廊看起来仍大致与一百多年以前一样。1943年盟军轰炸造成的损害早已修复完好。沙文尼餐厅还在，康巴瑞酒吧及其有名的自助餐也是如此，这里曾是作曲家威尔第和普契尼常常光顾的地方。碧菲酒吧也还在那里，只是规模不如原来大了。

知识宝库

米兰是意大利的第二大城市，也是最大的工业、商业和金融中心。它坐落于肥沃的波河平原的西部，伦巴第平原的西北部。米兰属温带大陆性气候，冬凉，夏热，年降水量968毫米。

巨石阵

PIN DU BAI KE

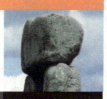

位于英国索尔兹伯里平原的史前巨石阵，以神圣而庄严的姿态展现在世人面前。很多人相信，这座远古时代的非凡建筑是祖先故意留给现代人的一个巨大谜题。

位于英格兰威尔特郡索尔兹伯里平原的巨石阵，又被称为索尔兹伯里石环、环状列石、太阳神庙、史前石桌等等。它大约建造于新石器时代末期至青铜时代的公元前4000~前2000年，是欧洲著名的史前文化神庙遗址。

这个巨大的石建筑群由许多重约五百吨的蓝砂岩组成，位于空旷的原野之上，占地面积约十一万平方米。巨石阵不仅在建筑学史上具有重要地位，在天文学上也同样具有重大的意义：它的主轴线、通往石柱的古道和夏至日早晨初升的太阳在同一条线上；另外，其中还有两块石头的连线指向冬至日落的方向。人们据此猜测，这很可能是远古人类为观测天象建造的天文台。

科学家们推测，巨石阵还有可能是远古时代用来祭祀的场所。人们对神秘的巨石阵有着各种各样的推测和猜想。2003年，考古学家在巨石阵不远处发现了一座古墓，墓中出土的陪葬品有一百多件，包括金、银、铜等装饰品，陪葬品的数量是同年代墓葬陪葬品的10倍之多。据专家考证，墓中的主人是阿彻，其地位非常显赫。阿彻大约生活在公元前2300年，而这个阶段恰好是巨石阵形成的时期，考古学家推断，巨石阵是由生活在不同时代的维赛克斯人和阿彻共同建造完成的，由此可知建造巨石阵历经了漫长的岁月。

巨石阵最不可思议的是石阵中心的巨石，这些巨石最高的有8米，平均重量近30吨，然而人们惊奇地发现，有不少重达7吨的巨石是横架在两根竖着的石柱上的。

20世纪50年代，考古人员研究发现，史前巨石阵的建造共分为三个阶段。第一个阶段为公元前2800年前后的新石器时代晚期。不过当时并没有巨石，只是建造了一个能容纳数百人的圆形土堤，在土堤内挖出了56个圆形坑。

第二阶段为公元前2000年的铜器时代初期，人们对巨石阵的入口进行了改造，铺设了壕沟和两道500米长的人行道。被称为"斯泰申石碑"的四座石柱，竖立在巨石阵内侧。然而在这个阶段，可能由于计划改变，这项工程突然停止，石柱被搬走，坑也被填平了。

后来，巨石阵的建造迎来了第三阶段。这一阶段，人们用运来的一千多块巨大的沙粒岩建成了有三十多个石柱的外围。并将外围里侧布置成马蹄形。在第三阶段中期，在这5座石碑坊的里侧布置了许多蓝砂岩石柱，而且这些石柱残存到了今天。

研究人员认为，运输巨石并没有想象中困难，运输的工具很可能是撬杠、滚木和绳子。古时候，巨石阵周围的山谷里有茂密的树林，人们利用坚硬的树木充当滚木和撬杠，而一种叫作断树的树皮可以制成绳子，考古学家先将树皮放在湿泥里浸泡6个星期，当树皮变成了富有韧性的纤维后，把它们绞在一起，就制成了简单结实的绳索。

专家们认为，在没有起重设备的条件下，古人将横梁放到石柱顶部采用的是"土屯法"。土屯法就是利用斜面原理，用土将两个柱子埋起来，形成一座山丘，其高度为这块巨石所要到的位置，将山的外侧做成一个斜坡，然后从斜坡上把石头拉上去，下面用撬杠，很可能要铺圆木，就位之后再把土挖掉。

自巨石阵建成之后，在漫长的岁月里它就像充满魔力一般，无时无刻不吸引着世人的目光。

而今，这座远古时代的非凡建筑，依旧屹立在索尔兹伯里平原上，向人们默默地诉说着史前文明的精彩传奇。

知识宝库

巨石建筑是新石器时代至早期铁器时代所特有的建筑类型，多是用巨大石块做成的墓冢或宗教崇拜物。巨石建筑一般分为三类：立石或列石、石棚、环状列石。该建筑的出现反映了原始社会末期的宗教信仰。

Juemei De Diqiu Qiguan Shengjing

绝美的地球奇观胜景

4

美洲

Meizhou

落基山脉

PIN DU BAI KE

落基山脉是北美大陆重要的气候分界线和河流分水岭。落基山脉的高山峰顶多冰川地貌,中段和南段的植物垂直分布显著,游人可在这里观赏到不同风光。

落基山脉的名称源自印第安部落名,有时还译做"洛矶山脉",这座山脉是美洲科迪勒拉山系在北美的主干,由许多小山脉组成,被称为"北美洲的脊骨"。

落基山脉绵延起伏,从阿拉斯加到墨西哥,南北纵贯约四千八百千米,几乎纵贯美国全境。大部分山脉的海拔达 2 000~3 000 米,有的甚至超过了四千米,这些山脉高耸入云,白雪覆顶,极为壮观。如埃尔伯特峰高达 4 399 米,加尼特峰高达 4 202 米,布兰卡峰高达 4 365 米。贾斯珀、班夫、库特内和约霍 4 个国家公园和罗布森山、阿西尼博因山、汉姆伯 3 个省立公园,组成了"加拿大落基山脉公园群"。

班夫国家公园是著名的避暑胜地,在 1887 年开放,成为加拿大第一个保护区公园,并由此建立了加拿大国家公园的体系。公园里有冰峰、冰河、冰原、湖泊、高山草原和温泉。班夫国家公园水秀峰奇,居北美大陆之冠。贾斯珀国家公园是公园群中最大的公园,园内有山川、森林,还有冰河和湖泊。约霍国家公园和库特内国家公园都位于不列颠哥伦比亚省,公园中的景观分布在冰雪覆盖的群山之间,因为发现了"布尔吉斯页岩"而被列选为世界自然遗产。

落基山脉的另一大自然奇观便是形成于各个地质时期的山脉、峡谷、冰川和冰河的遗迹。这里仿佛是一座天然的自然博物馆,将人类学、生物学、考古学、地理学、气候学和环境生态学的知识融合在一起,以直观的方式呈现在游客面前。

北美洲的所有大河几乎都源于落基山脉,这座山脉是重要的大陆分水岭。塔卡考瀑布以 410 米的落差发出巨响;被群山环绕的麦林湖、麦林峡谷是公园内不可多得的观赏胜地;园内伯吉斯谢尔岩石里有一百五十多块寒武纪中期的海

落基山脉丰富的动植物也享有盛名。公园里已确认有 56 种哺乳类动物，在高地有落基山山羊、大角绵羊，森林地带有篦鹿、灰熊，水边则居住着海狸等。植被则具有垂直分异的特点，植物群落因高度、纬度和日照而有极大不同。

落基山脉南北延伸甚远，是北美大陆重要的气候分界线，南端为亚热带北缘气候，北端为北极气候。降水一般北多南少，北方约为南方的 3 倍，南方气候大多干燥。

产化石，其中一些已不为今人知晓。

北落基山脉包括黄石公园北部，一直延伸至加拿大境内的山地。这部分山地过去冰川活动十分活跃，由于冰川的作用形成了特殊的地貌。山地复杂的地层结构和强烈的火山作用，使得这里孕育了丰富的有色金属矿藏，美国第二大铜矿就建立在这里，银、铅、锌等矿产量占美国的一半，铜矿石年产 200 万吨以上。山地主要由沉积岩构成，庄严的山峰和"U"形山分别代替了松软的高原。

中部落基山地则以高原为主，中间有些山块。中部山地还有一个巨大的怀俄明盆地，四周高山环绕，气候干燥，年降雨量少于 350 毫米，几乎寸草不生，属于半荒漠景观地带。落基山脉雄伟壮观，风光独特，美国政府早就在此地兴建了三座国家公园，即黄石公园、冰河公园和大台顿公园。

火山运动对这里的地质构造影响很大，复杂的地质构造形成了温泉和间歇泉，其中最有名的间歇泉就是黄石公园的"老实泉"。

南部落基山地包括怀俄明盆地以南、北普拉特河上游东岸向南的山地。这部分山地大多呈南北走向，平行罗列，到处可见山间小溪，水流清澈、山花摇曳，十分秀丽迷人。其中埃尔伯特山海拔最高，也是整个落基山脉的最高点，海拔 4 399 米。终年覆盖积雪，形成奇特异常的冰斗、冰凌。

知识宝库

落基山脉自下而上分布有草原、针叶林和高山草甸，自然景观十分丰富。同时，落基山脉还有大量铜、铅、锌、钼等有色金属。除了植物和矿产的分布，落基山脉的"布尔吉斯页岩"堪称地质奇观。

野牛国家公园
PIN DU BAI KE

野牛国家公园是加拿大最大的一个国家公园，它坐落在北勃里尔平原，是最能体现加拿大北部广袤无垠特色的地区。

公园占地面积有 44 807 平方千米，由北部辽阔的森林及大草原，还有一些北美洲幸存的未受破坏的巨大草场和莎草牧场组成。正是这水源和青草都充足的地方养育了世界上最大的流动野牛群，像众所周知的水野牛。公园建于 1922 年，它一度成为 19 世纪末那些躲避了大屠杀的幸存野牛的家园，大屠杀将这些草原霸主的数量从 6 亿头骤减到可谓寥寥无几的数量。公园内的草原野牛以前生活在北部边境一带，曾经有大约

几千头野牛被装船从北部韦恩赖特、阿尔伯向南经皮斯河运载到公园，加入了园内已有的野牛群。如今，野牛国家公园生长着世界上最大的自由繁衍的牛群。

考古学家证实当地土著在 8 000 年以前就在这里居住，这比 18 世纪早期开始的皮毛贸易还要早得多。欧洲人把他们碰到的土著人称为"比夫尔"（意为水獭）、"斯拉夫里"（意为奴隶）。当皮毛生意西移以后，当地土著就离开了这里。现在，住在公园周围的人大部分是克里族、奇佩维安族、麦提斯族和一些非当地居民。

在野牛国家公园地区，本地人还是以打渔、狩猎为谋生的手段，因皮毛贸易引发的商业性捕猎延续了几个世纪。当地居民对本地资源的使用

已成为当地文化传统的重要组成部分。

几条水量丰富的河流给公园增添了水趣天成的气息。汹涌的皮斯河横穿公园，奴河与阿萨巴斯卡河构成了东部边界。皮斯河与阿萨巴斯卡河所流入的阿萨巴斯卡湖地区是世界上最大的内陆淡水河三角洲。纵横交错的河流与三角洲潮湿的地貌给数不尽的水禽，向鸭子、野鹅、天鹅、潜鸟等提供了栖息地。1982年国际自然保护组织认为野牛国家公园保护了两处在世界具有重要地位的湿地，一处是皮斯—阿特巴斯卡三角洲，另一处是北美鹤的产卵和孵卵区。皮斯—阿特巴斯卡地区是世界上最大的淡水三角洲之一，也是北美鸟类主要的产卵区和涉禽的季节性栖息地，有的还在此度过春、秋两季。在公园的中北部，由灌木、浅塘、河流和湖泊组成了并不牢固的生态系统，是濒危北美鹤的家园。

知识宝库

野牛国家公园地处加拿大中北部的平原上，那里有大量的美洲野牛，而且也是美洲鹤的天然巢穴。皮斯河和阿萨巴斯卡河之间有着世界上最大的内陆三角洲，也是这个公园自然魅力最大的地方。

——世界遗产评定委员会

艾伯塔 省立 恐龙公园

PINDU BAIKE

大约在六千五百万年前，恐龙遭遇了一场特大的浩劫，从此以后，恐龙从这个星球上消失了。今天的人们只能通过恐龙化石来研究当年的那段历史。而艾伯塔省立恐龙公园则是研究恐龙化石的绝好去处。

世界上最大的恐龙"公墓"——艾伯塔省立恐龙公园位于加拿大艾伯塔省荒野的中心地带、布鲁克斯附近的红鹿河岸的荒原上。这个恐龙公园与中国自贡恐龙博物馆，还有美国犹他州国立恐龙纪念馆并称为世界上具有恐龙化石埋藏现场的"三大恐龙遗址博物馆"。

1884年，在这里，古生物学家蒂勒尔发现了著名的艾伯塔龙。1910~1917年，古生物学家在此挖掘出六十多种、三百多具恐龙化石，几乎包括了所有已知的著名恐龙化石。最古老的化石甚至可以追溯到7 500万年前。1955年，省立恐龙公园成立。1979年，省立恐龙公园被列入《世界遗产名录》。公园以丰富的化石层、奇特的崎岖地带和罕见的沿河生态环境三大景观闻名于世。

经过科学验证，艾伯塔省立恐龙公园的沉积物跨越了200万年，主要分为三个地层：熊爪地层在最上面，恐龙公园地层在中间，老人地层在最下面。地层位于亚热带沿海低地，接近于西部内陆水道，以前曾被大河穿过，包含了无数的化石。最晚的地层是到白垩纪晚期，大约七千五百万年前，时间跨度约有一百万年。

恐龙公园闻名遐迩的主要原因就是因为这里有数量庞大、种类繁多、保存完好的恐龙化石。现已出土的六十多种6 000万~8 000万年前的恐龙样品，分7科45属。加拿大国内外的古生物学者曾经疯狂地采集恐龙化石送往世界各地的博物馆。到了1955年，恐龙公园建立，化石区正式受到法

7 500万年前，那时艾伯塔省南部的气候就像现在路易斯安纳州一样温暖。生长着茂盛的亚热带森林，龟和鳄鱼大量繁殖，大批恐龙在这里繁衍生息。

◀ 艾伯塔龙是早期的霸王龙类，有很多大牙齿的颚骨及两只手指的细小前肢。现已有超过20头艾伯塔龙的化石被发现，为后人提供了很多的研究资料。

律保护，从此以后游人就只能在有关部门的组织下，到指定的地区参观游览。艾伯塔省立恐龙公园发现的化石种类相当丰富。爬行类有蜥蜴、龟、鳄鱼、恐龙；两栖类有蛙、蝾螈等；鱼类有白鲟、鲨鱼、雀鳝等。还有鸟类和哺乳动物的化石也被发现。已发现的恐龙种类有鸭嘴龙科、棱齿龙科、暴龙科、似鸟龙科、驰龙科、伤齿龙科等。恐龙公园里有一座古生物博物馆，是以第一个在这里发现"艾伯塔龙"

的古生物学家蒂勒尔的名字而命名的。"艾伯塔龙"属于肉食性的霸王龙，眼睛长在头骨较高的地方，强大的躯体由一对足形的盆骨支撑着。恐龙公园内埋藏恐龙化石的地带十分崎岖，雨水侵蚀而成的沟壑纵横交错，山丘都是裸露的砂岩。因硬度不同，砂岩分为若干层次，较坚硬的砂岩层覆盖在较松软的砂岩层之上，形成了蘑菇状小丘，被人称为"仙女壁炉"。

艾伯塔省立恐龙公园内的三个生态区有许多种动植物。在干旱炎热的荒野中生长着仙人掌、黑肉叶刺茎藜和数种鼠尾草属植物，谷地的边缘是大草原，潮湿的河岸上有三叶杨和柳树以及唐棣、玫瑰、水牛果等灌木生长。5月和6月是不错的观鸟季节，在三叶杨林中很容易看到鸣鸟、啄木鸟和水禽。其他的动物有棉尾兔、丛林狼和白尾鹿等。在辽阔的草原上有时还可以看到叉角羚。

恐龙公园的第三大景观是红鹿河两岸的生态环境。这里类似北美荒原的狭长地带，生物环境复杂多样。陆地上草木繁茂，在许多地方还生长着罕见的植物。这里鸟类的数量也十分惊人，其中还有濒临灭绝的金鹰和草原隼。

知识宝库 恐龙化石按埋藏地层可大致分为古生代化石和中生代化石，其中中生代恐龙化石占绝大多数。恐龙化石的形成与地质运动有极大关系，如果没有地质运动，恐龙化石是不可能存在的。

科罗拉多大峡谷
PIN DU BAI KE

科罗拉多大峡谷被称为是"地球的伤痕"，它是地球上令人触目惊心的一道自然奇景，也是地球地貌沧海桑田、日月变换的佐证。它凭借其错综复杂、色彩丰富的地面景观而驰名。

科罗拉多大峡谷是举世闻名的自然奇观，是地球上唯一能够从太空中用肉眼观察到的自然景观。许多到过此地的人都为之感叹：只有闻名遐迩的科罗拉多大峡谷才是美国真正的象征。

科罗拉多大峡谷位于美国亚利桑那州、科罗拉多高原上，由于科罗拉多河穿流其中而得名。科罗拉多河发源于科罗拉多州的落基山，洪流奔泻，经犹他州、亚利桑那州，由加利福尼亚湾入海。"科罗拉多"在西班牙语中的意思是"红河"，这是因为河中夹带大量泥沙，河水常显红色。大峡谷全长350千米，平均宽度16千米，平均谷深1 600米，最大深度1 740米。

1919年，威尔逊总统将大峡谷地区开辟为"大峡谷国家公园"，1980年，联合国教科文组织将其列入《世界遗产名录》。

大峡谷总面积接近三千平方千米，真正身临其境的人，只能从峡谷南缘或者北缘欣赏到大峡谷的局部景观。这倒是应了"不识庐山真面目，

科罗拉多大峡谷的形状极不规则，大致呈东西走向，蜿蜒曲折，像一条桀骜不驯的巨蟒，匍匐于凯巴布高原之上。

科罗拉多大峡谷周边的高原被雕刻出一道巨大的鸿沟，并赋予它光怪陆离的形态。

只缘身在此山中"的道理。

大峡谷并不是世界上最深的峡谷，但是它凭借其错综复杂、色彩丰富的地面景观而驰名。大峡谷山石大多为红色，从谷底到顶部分布着从寒武纪到新生代各个时期的岩层，层次清晰鲜明，色调各异，并且含有各个地质年代的代表性生物化石，因此又被称为"活的地质史教科书"。

科罗拉多大峡谷的形成经过了漫长的历史岁月，在几千万年甚至几万万年中，科罗拉多河的激流一刻不停地冲刷着它。大峡谷两岸都是红色巨岩断层，岩层嶙峋，堪称鬼斧神工。两岸重峦叠嶂，夹着一条深不见底的巨谷，显得无比地苍劲壮丽。非常奇特的是，伴随着天气变化，水光山色变幻莫测，天然奇景蔚为壮观。

更为奇异的是，这里的土壤大都呈褐色，但在阳光照耀下，依太阳光线的强弱，岩石的色彩变幻无穷，时而是棕色、时而是深蓝色、时而又是赤色。这时的大峡谷，宛若仙境般七彩缤纷、苍茫迷幻，好像一块巨大的调色板，又似仙境落人间。这种自然现象的产生是由于大峡谷谷壁的岩层中含有不同的矿物质，它们在阳光的照耀下反射出不同的色彩导致的。铁矿石在阳光下会形成红、绿、黑、棕等颜色，石英岩也会显

出白色，其他氧化物则产生各种暗淡的色调。多变的色彩更加彰显出大自然的斑斓诡谲，扑朔迷离。

蜿蜒于谷底的科罗拉多河曲折幽深，峡谷中部分地段河水激流奔腾，所以沿峡谷漂流成为吸引游人的探险活动。

由于大峡谷的地层结构不同，疏密有别，加之地质年代各异，经河水冲刷后，就形成了许多形状奇特、变化无穷的岩峰峭壁和洞穴，有的如蜂窝，有的如蚁穴，有的尖耸如宝塔，有的堆积如砖石。当地人按其各自的形态、风格，对这些大自然的杰作，冠以一些含有神话故事的美名，如阿波罗神殿、狄安娜神庙、婆罗门神庙等等。大峡谷中有几处名传天下的胜景，它们是"天使之窗"、"皇家山谷"、"帝王展望台"和"光明天使谷"等。其中，"天使之窗"位于南缘，它是在一面山峰上出现的一个通天空洞。

科罗拉多大峡谷与几十个国家公园相连，其中最为著名的是塞昂国家公园、拱门国家公园、布赖斯国家公园和纪念谷等。

大峡谷不仅风光旖旎，而且野生动植物种类繁多，堪称一个庞大的野生动植物园。据统计，目前已发现的禽类、鸟类、哺乳类动物、爬行和两栖类动物达四百多种，而各种植物则多达 1 500 种。

知识宝库

站在科罗拉多峡谷上，无论是在南岸还是北岸，居高远望，都可以清楚看到坦如桌面的高原上的一道大裂痕，恢弘的气势使它令世人注目，更被列入了《世界自然遗产名录》。

阿卡迪亚岛

PIN DU BAI KE

阿卡迪亚岛虽然面积不大，但却承载了众多的地理古文化底蕴，是阿卡迪亚文化的发源地。今天的阿卡迪亚岛动植物资源丰富，风光秀丽，声远名播，吸引着众多游客前来观光。

阿卡迪亚原文为"arkadia"，意为"躲避灾难"，现在许多人将这一地名引申为"世外桃源"；还有将这个名称与探险家维拉萨诺联系在一起的，他在地图上将弗吉尼亚州以北的大西洋沿岸地区称为"Aicadie"，意为"丰足的土地"；还有一个推测认为"阿卡迪亚"是米克马克语"akatie"和马莱西特语"quoddy"，意思分别为"地方"和"富饶的地方"。

1913年，一个名叫乔治·多尔的人向美国联邦政府捐赠了近2.4平方千米的岛上土地，以便人们能有机会欣赏到这块土地上的美丽景色，并使这块土地上的景物能够得到政府保护。洛克菲勒家族随后也捐献了4.45平方千米的岛上土地。1919年，美国总统威尔逊签署了一个法案，确定在这些捐赠的土地上成立拉斐特国家公园，这是密西西比河以东的第一个国家公园。1929年，公园正式定名为"阿卡迪亚"。

阿卡迪亚国家公园主园区位于沙漠山岛东南处，惊人的是，公园里面有一条非常漂亮的海滨路，在这条短短的路上游客能观赏到各种自然景观，这条环园道路正好把公园里的主要景点一线牵。驱车沿着公园环路绕园一周，可以沿途欣赏美景：美丽的海滩、山脉、森林、湖泊和各种自然保护动物；还可看见清澈见底的淡水冰川湖泊和大西洋海岸第一高峰凯迪拉克山。

凯迪拉克山是阿卡迪亚岛东海岸的奇特景观，它是以探险家凯迪拉克的名字而命名的，是公园的最高点。因为它位于几乎全美国领土最东端，加上它的高度，在这儿可以看到美国的第一道曙光，所以每年来这里的游人很多。即使没有看到日出，这里的夜空也是十分美丽的，仿佛成千上万的宝石散落在黑天鹅绒

19世纪初，美国艺术家汤姆斯·科勒和弗里德里克·切奇先后来到此岛寻找创作灵感，他们被这里的原始纯朴深深打动，创作了一批风景画。

位于美国东部缅因州海岸附近的阿卡迪亚岛是5亿年来地质运动的丽壮结果：火山爆发喷出的岩浆被海水冷却，塑造了阿卡迪亚岛的雏形。

上的夜空，简直是难得一见的美景。

阿卡迪亚岛最主要的地理特征是起伏的山脉。岛上草木丛生，山势成斜坡向下插入海洋。海和山巧妙的结合是阿卡迪亚岛最大的特点，海显得气势磅礴，可山顶的石头却有点儿怪异，或是光秃秃的，或是苔藓地衣铺满表面，植被和其他岛屿有很大不同。

阿卡迪亚岛海湾聚集了丰富的海洋动植物资源，包括海螺、藻类、鲸和龙虾等各种海洋生物。海洋学家常年在这里观察海豚、海豹和海鸟的生活习性。海豚是这些动物中较有代表性的一种。

海豚在世界上共有近六十二种，分布于世界各大洋中。体长1.2~4.2米，体重23~225千克。海豚一般嘴尖，上下颌各有约一百零一颗尖细的牙齿，主要以虾、蟹、小鱼、乌贼等为食。海豚喜欢过"集体"生活，少则几头，多则几百头。

海豚是一种本领超群、聪明伶俐的海洋动物，也是海里智力最发达的哺乳动物。除人以外，海豚的大脑是动物中最发达的。海豚还有令人类羡慕的能力，它们的大脑由完全隔开的两部分组成，当其中一部分工作时，另一部分充分休息，因此，可终生不眠。海豚是靠回声定位来判断目标的远近、方向、位置、形状，甚至物体的性质，因此，它们能迅速、准确地追到猎物。

1994年，阿卡迪亚人和他们的新民族卡津人召开了第一次"阿卡迪亚世界代表大会"，会上除了讨论阿卡迪亚地区在21世纪的意义以外，还举办了富有阿卡迪亚文化色彩的音乐节与戏剧节。这个代表大会每五年就会在阿卡迪亚人或卡津人居住的地方举行，它也成为了阿卡迪亚岛吸引游客的原因之一。

知识宝库

阿卡迪亚岛的文化旅游意义要远大于其自然风光旅游价值。在长期被殖民统治的过程中，阿卡迪亚人形成了自己的一种特殊文化。阿卡迪亚人聪明地利用了这一点，从而使得该岛的旅游业日益兴盛。

冰川湾国家公园
PIN DU BAI KE

素有"极地奇观"美称的北美洲冰川湾国家公园是人们观赏极地边缘风光和冰蚀地貌的绝佳选择。这里不仅有美丽的自然景观，还有著名的土著文化景观。冰川湾国家公园吸引了众多的游客。

绵延的高山上覆盖着洁白的冰雪，在阳光的照耀下散发着迷人的色彩。冰川湾国家公园内的冰雪美景是其一大特色。

冰川湾国家公园和保护区位于美国阿拉斯加州和加拿大交界处，这项跨国的世界自然遗产因处于辽阔的北极地区，而获得"极地奇观"的美称。区内包括一系列冰川，1925年开辟为国家纪念公园，目的在于保护冰川环境和当地植被，以用于大众娱乐、科学探索和历史研究。1980年冰川湾成为国家公园和保护区。1986年被联合国教科文组织列为生物保护区。

冰川湾国家公园和保护区覆盖面积共为13 354.9平方千米，包括2 520平方千米的咸水区和1 415千米长的海岸线。这里不仅自然景观丰富多彩，生态系统也比较完备。

每到夏季，冰川底部的雪水融化，奔腾咆哮，冲蚀出各种洞穴和沟渠，最终，上面的冰川薄得无法支撑时，便轰然塌下，冰川湾内部回荡着冰块断裂崩落的声音。在最近的几个世纪里，冬季的降雪量还不及夏季的冰雪消融量，于是冰川以每年400米的速度后退。缪尔冰川在七年中后退了8 000米。陆地慢慢退落其冰盖，露出岩石，动植物又夺回了约四千年前开始的"小冰河时代"所丧失的领土。

科学家在冰川后退的情况下，加快了研究生物物种重返的进程。最初，刚刚露出的岩石上只生长了一层藻类植物，接着苔藓和地衣显露出来，然后是碎石堆上长着纤细的阴地植物，那里还留有冰河时代前森林生长的痕迹。

土壤层逐渐形成，阴地植物根部的固氮细菌使土壤肥沃。一簇簇矮桤木和柳树出现了，接着出现更高大的黑三角杨，最后让位给铁杉林和云杉林，它们现已遍布海岸。出现植被后，吃植物的动物随之出现，继而出现猛禽和猛兽。

夏季，从冰川鼻崩下的巨大冰山为海狗提供了栖息地。区内还有各种各样的动物：棕熊、黑熊、山地羊(石山羊)、鲸(包括座头鲸)、海豹和鹰(雕)等。在这里还可以看见一些稀有动物如多尔羊、大灰熊等的踪迹。阿拉斯加常被称为北美大灰熊的最后堡垒，是因为这里是大灰熊最后的、也是最好的生存地。美国本土48州原有数万头大灰熊，现在却不足千只，阿拉斯加的大灰熊数量大约为三万一千头。

提到冰川湾国家公园不能不提克卢恩国家公园和朗格尔-圣埃利亚斯国家公园。克卢恩国家公园在加拿大境内，既是自然生态保护区又是土著历史文化保护区。整个山脉有极地冰盖以外的世界最大的冰原和世界上移动最快的冰川。南端冰川划入冰川湾国家公园。这里有

> **知识宝库**
>
> 冰蚀地貌是地球外部力量影响地表形态的一种代表景观，主要是由冰川侵蚀作用形成的。北欧的峡湾风光早已享誉世界，而美洲冰川湾的冰蚀地貌却具有其独特性，从而吸引了众多游客。

很多高大山峰，包括加拿大境内的最高峰——落根山。湿润的太平洋季风携带着大量降水和降雪，形成了广阔的冰雪地带和冰川。

朗格尔-圣埃利亚斯国家公园位于阿拉斯加与加拿大交界处，这里的冰川与高峰构成了一幅壮观、迷人的图画。冰川湾国家公园处于阿拉斯加冰川峡湾的中心位置，游客来这里游览，一般都不必登上岸边，只需站在客轮的甲板上，就可以目睹临岸屹立的巨大冰川，以不可阻挡的气势倾向大海，摄人心魄。而船上的自然生态专家，可为游客指出冰川上各种千奇百怪的地形，如尖如玉笋的冰柱、俨然刀削剑劈的巨大冰崖，还有嶙峋突兀的一座座小冰峰。在阳光映照下，洁白的冰川色彩纷呈，有的如珍珠般晶莹，有的像薄荷雪糕一样翠绿，也有的似电光般蓝紫交汇。

每个夏日，冰川湾内都回荡着冰块断裂崩落的声音，许多大如房舍的冰块不断地崩落水中，使人惊叹大自然的神奇。

大雾山国家公园
PIN DU BAI KE

一层淡淡的薄雾笼罩在山林上空，在阳光的照射下，薄雾闪烁着浅蓝色的光芒，弥漫在整个低地山峦，因此被当地印第安人称为"大雾山"。大雾山有着丰富的动植物资源，可谓是一个生态奇迹。

大雾山国家公园位于美国田纳西州和北卡罗来纳州的交界处，占地2 000平方千米。这片郁郁葱葱的原始林地犹如一块价值连城的美玉，在不经意间展示着自己的美丽。

这里有16座海拔在1 800米以上的山峰，地形纷繁复杂，有着充沛的降雨和密布的溪流，10条大瀑布和众多小瀑布是这里的一大美景。每天的不同时刻，山雾呈现出不同的景象：清晨，大雾弥漫整个山谷，只有高处的山峰若隐若现于远方；中午，山雾减弱为淡淡的云霭，轻柔地抚过山腰；日落时分，山雾变成了粉红色的薄纱，环绕着夕阳下紫色的山岭。由于山林上空总是笼罩着一层淡淡的薄雾，雾气闪烁着浅蓝色的光芒，弥漫在整个低地山峦，因此被当地印第安人称为"大雾山"。

这里的地貌特征、生物演化和物种多样性都使这个公园成为最好的自然保护区。大雾山国家公园的建立历经挫折，最终于1926年宣告建成。公园建成初期占地大约二千一百平方千米，公园里生长着世界上最完好的温带落叶林。这些植物与在太平洋对岸发现的植物具有很明显的亲缘关系，这证明了地质历史时期树木和花卉通过大陆桥从亚洲向美洲的迁移。

阿巴拉契亚山脉阻隔远古的冰川，为大雾山植物提供了一个相对有利的生长环境，使这里保存了很多古老的物种，而且尚未被人类破坏。这里拥有3 500种特有植物和许多濒临灭绝的动物，其中包括三十多种哺乳动物及濒危动物。

如今在公园里仍存有大片北极第三纪孑遗植物。大雾山森林覆盖率在

大雾山国家公园的日出日落。

蝾螈是有尾两栖动物,体形与蜥蜴非常相似,但体表没有鳞,靠皮肤来吸收水分。蝾螈大部分栖息在淡水和沼泽地区,主要生活在北半球的温带区域。

95%以上,植物群落随着海拔高度发生明显的变化。这里有树木130种,山地的上部是以加拿大冷杉和云杉为主的针叶林,中下部以阔叶林为主,山麓地带高大的栎树、松树、铁杉混杂。这里还有花卉1 520种、维管植物1 450种,地衣、苔藓、地钱等不计其数,植物资源可谓是极其丰富。

大雾山公园的动物种类也同样丰富多样。公园内共栖息着黑熊和美洲狮等三十多种哺乳动物。爬行动物中有7种乌龟,8种蜥蜴,23种蛇类。公园内多山溪水流,水中生活着70种本地鱼类。其两栖类动物种类繁多,仅蝾螈就有27种,其种类之多堪称世界之最,其中的赤面蝾螈是仅存于大雾山国家公园的特有种类。

游隼也是大雾山国家公园一个吸引游人的独特因素。游隼体长约三十三厘米至四十八厘米,背部蓝灰色,腹部是白色或黄色,上面有黑色的条纹。游隼体格强健,飞行速度很快。它们常盘旋在空中,一旦猎物被惊起奔逃或起飞,便像箭一样俯冲过去,用利爪向猎物猛击,有时这一击

竟会打掉乌鸦的头或是在苍鹭背上打出一个鸡蛋大小的洞。现在,美洲游隼、欧亚游隼、阿拉斯加游隼等几种游隼已列入濒危动物名录。

这里除了丰富的自然遗产,同时还拥有悠久的文化历史。从切诺基族印第安人到苏格兰、爱尔兰的移民,这片土地一直都是多种文化和多个民族的家园。许多历史性的建筑依然矗立着,在5个区域内集中着77个具有历史意义的建筑:伐木工棚、谷仓、教堂、磨米厂和其他各种各样的户外建筑。在这里可以了解早期生活在阿巴拉契亚山南部的农民家庭和社区的生活方式。不过后来,这些农民由艰难的生存变为掠夺性的开发,贪婪的伐木业几乎毁灭了这个地区的原始森林,恢复森林已经成为大雾山当今的主题。

知识宝库

阿巴拉契亚高地是注入大西洋与墨西哥湾水系的分水岭。从东北向西南延伸,大致同海岸平行。自纽芬兰岛西部经加拿大东南沿海至美国东南部,长2 600千米。最高点米切尔山海拔2 037米。

奥林匹克国家公园
PIN DU BAI KE

在这幽深静谧的雨林之中，无处不是一片苍翠，使人仿佛潜身绿海之中，置身于琉璃世界。多样的生物、壮观的海边风光、繁盛的雨林和雄伟的奥林匹克山，让人流连忘返。

奥林匹克国家公园位于美国华盛顿州西北角的奥林匹克半岛上，濒临太平洋。奥林匹克国家公园总面积为 3 628 平方千米，是美国最大的自然公园之一。从奥林匹克山脉积雪的山顶一直延伸到长满蕨类植物的雨林深处，这座公园的景色都是那样迷人。

奥林匹克国家公园由雪山、温带雨林和海滨三部分组成，从海边的温暖潮湿到高山上的严寒，游客可在一次游览经历中体会四时不同的气候以及相应不同的自然生态。奥林匹克半岛是具有多种自然形态和自己独特的生物系统的区域，并成为游隼、本南特貂和斑纹猫头鹰等濒危动物的理想乐园。

奥林匹克国家公园是一个以雨林景观为特色的公园。在公园西南部的三条河谷地带，冷杉、云杉、铁杉、雪松、地衣，以及菌藻都混杂生长在一起，构成了一幅典型的雨林植被图，引人入胜。置身林中，地上是厚厚的青苔，头顶仅有几缕昏黄的光线透过密集的树丛射入，幽静异常。而四周巨大的羊齿植物和藤蔓缠绕的枫树又为这个世界平添了一份神秘与魅力。

奥林匹克国家公园与它附近的几个国家公园都位于板块的交界处。大约在五千五百多万年以前，频繁的海底火山活动产生了大量的玄武岩熔岩，最终陆地拱出了海面，形成了一系列的活火山，以及现在的华盛顿州海岸。又经过两千五百多万年强烈的地质运动，这些熔岩变质为沉积岩，经过海水的冲刷形成了半岛，同时因为这些沉积岩的不断上升，海洋的潮气被封闭在半岛之中，慢慢地形成了溪流。从太平洋海面上吹来的温暖而潮湿的空气被奥林匹克山脉挡住，气流沿山坡上升而冷却，在高山上形成降雪，在

奥林匹克国家公园内连绵不绝的雪山如一条银龙，好似正在等待时机，准备一飞冲天。举目望去，一个冰雪肃穆的世界呈现在游人面前。

奥林匹克国家公园是一个动物的天堂，这里有当今世界最大的鹿种——奥林匹克种大鹿，另有黑熊等 56 种动物在此生活。奥林匹克国家公园给世人呈现出一派生机勃勃的景象。

半山腰处则形成降雨。高山上的积雪终年不化，形成大大小小的冰川。这样的冰川在奥林匹克国家公园中存在着六十多座，它们都在默默地记录着岁月的流逝。在半岛中间，岩石被大自然以不可思议的力量移动着，终于形成了胡安德富卡峡谷和奥林匹克山脉。

奥林匹克国家公园这个以雨林为特色的公园，由于它位于太平洋狭长的沿海地带，由三处生态系统截然不同的山地组成，因此经常被称作"三合一公园"。公园胜景包括冰雪封顶的奥林匹斯山、山区草地、岩石林立的海岸线，这里还有世界上数量极少的温带雨林。温和、潮湿的空气遇到山坡产生了大量降雨，年降水量超过 3 600 毫米。繁茂的温带雨林在这里茁壮生长，凉爽、湿润的气候使这里呈现出一派葱翠的雨林风光。在海岸边，退潮时人们可徒步走到一些岛屿上，在那里可以观赏到诸如海星、海胆、海带等海洋生物，如果天气好，那里还是看日落的好去处。

在这壮观的雨林中，95%的地区仍保存着其原始的野生面貌，是奥林匹克公园给人类的一份礼物。

奥林匹克国家公园还是动物的乐园，这里的奥林匹克种大鹿，是当今世界最大的鹿种。在此栖息有五十多种哺乳动物，其中大约有五千头美洲麋鹿，300 只雪羊，此外还有美洲狮、黑熊、金花鼠、奥林匹克有袋玄鼠等；180 种鸟类，如游隼和斑鸠。山谷中生长着巨大的针叶树，岩石嶙峋的海边生活着许多海洋生物，使这里成为观光、露营和垂钓的好去处。

多样的生物、壮观的海边风光、繁盛的雨林和雄伟的奥林匹克山，所有这一切都使奥林匹克国家公园成为一处迷人的胜地。

知识宝库

奥林匹克国家公园坐落于华盛顿州的西北角，此国家公园著名在于整个区域内结合海洋、群山及雨林三种截然不同的生态环境，一个国家公园内结合了极端的地面景观，堪称美国最值得一游的国家公园。

巴德兰兹劣地

PIN DU BAI KE

巴德兰兹劣地曾被称为『荒地』。这块由悬崖、尖峰和起伏不平的地表组成的荒凉之地被曲折的沟壑分割得四分五裂。从日出到日落，无数的岩丘从淡红色变成光彩夺目的金黄色，令人叹为观止。

巴德兰兹劣地地跨美国南达科他州西南部及内布拉斯加州西北部，景观颇为荒凉，气候十分炎热。北美印第安部族之一的北美苏族人和欧洲人各以自己的语言为这个地区取了相同的名字，都寓意"恶劣的地方"。

巴德兰兹地区的高原大约形成于 8 000 万年前，那时这里还是一个面积约 1.55 万平方千米的浅海。而在 6 500 万年前，落基山脉在隆起的同时也将这个地区抬升。随着该地区的抬升，海水退去，带走了表层土壤和部分岩石，如今侵蚀仍在进行。巴德兰兹劣地这片荒瘠的沟壑在嶙峋的山脊和尖峰之间蜿蜒，仿佛一件浮雕作品，吸引了无数探险者的目光。

可以说，巴德兰兹劣地真正见证了沧海桑田的变化：在很久以前，这一地区的大部分都位于海洋下面。后来，1 000 万年前，受挤压的大陆板块把这一地区抬升，从此海洋消失。在随后的数百万年中，气候逐渐变得潮湿温暖，这一地区的亚热带森林生长旺盛。冰川时期到来后，气候逐渐变得干燥寒冷，森林退变成了热带草原。经过漫长的时光，这一地区的岩层不断遭到雨水的侵蚀，变得层叠和起伏不平。

巴德兰兹劣地的布莱克山高达 2 207 米，山上满布松林。山上的岩石被雨水冲刷下来，长年累月就在东边形成了一大片沼泽。随着气候逐渐干燥寒冷，雨水减少，沼泽逐渐变成了草原。后来部分草原受到风力和雨水的侵蚀，暴雨把草连根冲走，露出软泥层。河水带走了这些软泥，并把岩石冲刷成尖柱和圆丘，岩石在烈日下逐渐变硬，于是山体上被刻蚀出道道沟痕。

如今的巴德兰兹劣地是由刀锋般的山脊、深沟、狭窄的平顶山以及一望无垠的沙漠组成，是名副其实的"劣地"。但巴德兰兹劣地并非人迹罕至，每年有大批的游客前来旅游。

盘羊俗称大角羊、盘角羊，是国家二级保护动物。其躯体肥壮，体长150~180厘米，主要分布于亚洲中部广阔地区。属濒临灭绝的珍稀保护动物大角羊的视觉、听觉和嗅觉十分敏锐，性情机警，稍有动静，便迅速逃遁，常以小群活动。

在几个世纪以前，环境恶劣的巴德兰兹劣地就已经是印第安苏族部落生活的区域了。他们在这片土地上以捕食野牛为生。

苏族人捕猎野牛的主要方法是把野牛群驱赶下悬崖摔死。巴德兰兹劣地的地形非常适合这种大规模的捕猎方法。现在在某些悬崖底部，野牛的尸骨仍然清晰可见。苏族人充分利用了野牛身体上的每一部分：把野牛的肉和脂肪作为食物，牛角当作勺子，牛骨头当作棍棒，牛皮用作帐篷、毯子、衣服、马鞍和皮带。可见，野牛为苏族人提供了日常生活所需的大部分器物。

到了19世纪70年代，欧洲殖民者涉足这片土地。从此，巴德兰兹劣地上的各种野生动物陷入绝境。草原上的野牛几乎被捕杀殆尽，依靠捕食野牛为生的苏族人也几乎灭绝。

如今，巴德兰兹劣地是北美最大的荒原，野牛等动物的数量经过人类长时间的保护得以增长。现在各种野生动物，包括野牛和叉角羚在这里生息繁衍，并且数量不断增多。

巴德兰兹大角羊，体形较大，却可以十分敏捷地在陡峭的山上行动，甚至攀登悬崖。巴德兰兹大角羊与落基山脉的大角羊一样，长着巨大犄角的公羊处于优越地位，独占所有的母羊。巴德兰兹大角羊从落基山脉缓缓迁移，最后到达美国南、北达科他州岩石裸露的荒山巴德兰兹。巴德兰兹大角羊最大的特征是公羊有巨大的犄角，这对犄角在北美是极受人们喜爱的室内装饰品。大角羊因此被大肆捕杀，数量快速减少。在人们开始意识到大角羊濒临绝种时，人类的保护已经太晚了，因为巨大而美丽的犄角令最后一只巴德兰兹大角羊也难逃厄运，被人们无情地猎杀掉了。

知识宝库

苏族人是由拉科塔、达科塔和纳科塔等三个生活在不同地区的部族所组成的，因此有各自的苏族人方言，而这三个部族的名字在苏族语里都代表"朋友"的意思。

阿切斯岩拱
PIN DU BAI KE

阿切斯国家公园内的无数石拱和上千座石柱给犹他州荒原增添了缤纷的色彩。独特的岩石地貌宛如奇异的行星表面，标志着地球的沧桑巨变，呈现着地球面貌的无常变化。

阿切斯国家公园位于美国犹他州沙漠中，建立于 1971 年。公园面积不大，只有两百多平方千米，却汇集了两千多个自然拱顶，从直径只有 1 米的隆起孔穴，到跨度为 91.8 米的世界上最大的岩拱，都能在这里找到。美国作家爱德华·阿比曾经在阿切斯岩拱地区游览，放眼望去，荒野上密布着铁锈色的拱形砂岩和鳍状的山丘。他被眼前的美景深深地吸引住了，并在日记里这样写道："这里是地球上最美丽的地方。"

阿切斯拥有大量岩拱的原因是因为盐分的存在。过去的一亿年中，水、冰、极寒极热的天气和地下盐层的运动，造就了这些自然雕塑。这里的岩层由远古时代的海底沉积物组成，富含盐分。

几亿年前，海水曾在这块土地上汹涌奔腾。当大海决定永远撤离的时候，来不及跟着撤退的海水便蒸发形成厚厚的盐层。随着沉积物的日积月累，岩层受到的压力越来越大，形状也慢慢发生变化。粉沙状的岩石开始像热油灰一样流动，较

阿切斯国家公园最著名的要数阿切斯岩拱，此地区虽然夏季气候十分炎热，气候条件恶劣，但仍有为数不少的植物和兰花生存着，生命力十分顽强。

厚的岩石层逐渐变薄，而较薄的岩石层则从地表隆起。尽管阿切斯地区雨量极少，但就是这有限的雨水，塑造了这里的地形，它使凝结砂岩的黏合物分解。无情的风雨、河流开始侵蚀这些"盐"石，科罗拉多河和绿河共同作用着"盐"石。后来"盐"石内部终于剥落崩塌，岩层中的水分在冬天受冷结冰而膨胀，使岩石颗粒和薄片脱落，出现了孔洞。随着时间的流逝，水、融雪、霜和冰的侵蚀，使孔洞的形状进一步扩大。最后，孔洞中的大块石头脱落，岩拱形成。从岩拱形成开始，岩拱也在走向灭亡，由风霜雨雪在山体上造成小坑洼开始，透穿成洞，扩大，最后崩落，化为尘土。这就是岩拱的一生。

岩拱高耸在光秃秃的砂岩上，在阳光的照耀下散发出铁锈色的光辉，吸引着人们的目光，但或许不久以后，这里的一些奇观将不复存在，这是一件十分遗憾的事情。

无数的岩拱和上千座石柱，给犹他州荒原增添了缤纷的色彩。犹他州东南部的岩石地貌宛如奇异的行星表面。这就是地球沧海桑田的标本，也是地球面貌无常变化的真实呈现。

阿切斯岩拱地区的夏天十分炎热，温度往往在 38℃ 以上，岩石温度高达 66℃，日温差高达 28℃；冬季气温则降到零度以下，寒风刺骨；虽然春秋两季的气温比较适中，但是秋天有可能下大雪，春天的风则会吹起沙尘暴。虽然阿切斯地区气候条件恶劣，但在悬垂岩石下和泉蚀凹壁里，仍然有蕨类植物和兰花生存着，还有零星的矮松和红松在砂岩上点缀，它们把根

知识宝库

美洲狮也称"山狮",猫亚科食肉动物,体大如豹,样貌如狮。美洲狮体长1.3~2.7米,雄性比雌性大40%,全身为浅灰棕色,尾端有一丛黑毛。幼体有黑斑,成长后会消失。美洲狮栖息于热带森林、草原和干旱沙漠等多种环境之中。

部扎在岩石碎裂所形成的土壤中。阿切斯石拱地区年均降雨量不足250毫米,雨量极小,但正是这些雨水带给这里无限生机。

每年4~10月,岩拱所在的荒野到处都盛开着五彩缤纷的野花,这些野花不浪费每一缕能够享受到的阳光,依靠融化的雪水或是夏季雷雨的滋润茁壮地生长着。这块表面上的荒芜之地其实还是沙漠动物的家园,收获蚁、眼镜蛇、美洲狮等生活在这里。这里大多数动物白天很少出来活动,但夜幕降临后,

荒漠便恢复了生机,短尾猫和长耳黑尾鹿等动物也都出来觅食了。

阿切斯岩拱地区吸引人的景观有很多,比较著名的风景是纤拱、火炉壁拱、沙丘拱和断拱。纤拱是世界上最大的岩拱之一,犹他州车牌上的图案用的就是它。纤拱飞跨100米,高30~40米,顶部只有几尺薄,随时都可能坍塌。

火炉壁拱是一群朱红色的石墩,高低错落。据说,在下午的阳光照射下,火炉壁拱通体透红,就好像点燃的壁炉,其名称即由此而来。

在火炉壁拱2.5千米开外,还有两个著名的岩拱,一个是沙丘拱,一个是断拱。沙丘拱靠近大路,就像是人工堆出来的。断拱的拱岩很大,很高,由于风化作用,地下的岩石都脱落了,拱顶也很薄,顶部出现了一个凹槽,也许用不了多久,拱就真的断了,最终变成名副其实的"断拱"。

阿切斯国家公园中的岩拱形状多变,可谓是千奇百怪,每年都会吸引大量的游客。

Juemei De Diqiu Qiguan Shengjing

|绝美的地球奇观胜景|

5

大 洋 洲

Dayangzhou

艾尔斯岩
PIN DU BAI KE

号称"世界七大奇景"之一的艾尔斯岩，以其雄峻的气势巍然耸立于茫茫荒原之上。它又被称作"乌卢鲁巨石"、"人类地球上的肚脐"，并因其有着富于变幻的神奇色彩而被世人瞩目。

在澳大利亚中部有一片一望无际的荒原地带，大自然鬼斧神工地劈凿出好几处奇绝景观，其中最负盛名者，当推艾尔斯岩。艾尔斯岩高348米、长3 000米，底部周长约8 500米，东侧高宽而西侧低狭，是世界上最大的独块石头。它气势雄峻，犹如一座超越时空的自然纪念碑突兀于茫茫荒原之上，在耀眼的阳光下散发出迷人的光辉。

艾尔斯岩，又名乌卢鲁巨石，是位于艾丽斯斯普林斯西南四百七十多千米处的巨大岩石。只要沿着一号公路往南，车程约五个小时，就可以看到这世界上最大的单一岩石——艾尔斯岩。

艾尔斯岩是一位名叫威廉·克里斯蒂·高斯的测量员发现的。1873年，这位测量员打算横跨这片荒漠，当他又饥又渴的时候，突然发现眼前出现这块与天等高的石山，开始他还以为这是一种幻觉。高斯是从南澳洲来的，所以就用当时南澳洲总理亨利·艾尔斯的名字为这座石山命名。

现在，艾尔斯岩所处的区域已被列为国家公园，每年有数十万人从世界各地纷纷慕名前来，观赏巨石的风采。

艾尔斯岩不是石山，而是一块天然的大石头，这让人十分惊奇，然而这块世界上最大的石头是怎么形成的呢？

目前最为科学的解释是：艾尔斯岩的形状有些像两端略圆的长面包，底面呈椭圆形。岩石成分主要是砾石，含铁量很高，所以它的表面因氧化而发红，整体呈红色，所以又被称为红石。由于地壳运动，阿玛迪斯盆地向上推挤形成大片岩石。3亿年前，又发生了一次神奇的地壳运动,将这座巨大的石山推出了海面。

经过亿万年的风雨沧桑,大片砂岩已经被风化为沙砾,只有这块巨石有着独特的硬度,整体没有裂缝和断隙,抵抗住了风剥雨蚀,成为地貌学上所说的"蚀余石"。不过长期的风化侵蚀仍然有一定的成果,它的顶部被打磨得圆滑光亮,并在四周陡崖上形成了一些自上而下的、宽窄不一的沟槽和浅坑。所以每到暴雨倾盆时,巨石的各个侧面飞瀑倾泻,非常壮观。

艾尔斯岩是大自然中一位美丽的模特,随着早晚和天气的改变而变换各种颜色。黎明前,巨石穿着一件巨大的黑色睡袍,安详地睡在那广袤无垠的大地之中;清晨,当太阳从沙漠的边际冉冉升起时,巨石仿佛披上了浅红色的盛装,显出一副少女出水芙蓉般的娇媚;到中午,巨石则穿上橙色的外衣,显得非常安逸;而当夕阳西下时,巨石则姹紫嫣红,在蔚蓝的天空下,就像熊熊燃烧的火焰;至夜幕降临时,它又匆匆换上黄褐色的外套,风姿绰约;风雨前后,巨石又披上了银灰或近于黑色的大衣,显得深沉、宁静、刚毅而厚重。如果遇到狂风大作、雷电交加的天气,就无法攀登巨石,并且观赏它那变化多端的色彩了。因为取而代之的是另一番壮观景色——巨石瀑布,大雨过后,无数条瀑布从"裳衣"上疾淌直下,一副千条江河归大海的壮观景象。总之,很难用语言把巨石富于变幻的色彩描绘出来,若想真正体验,只能身临其境。

关于艾尔斯岩变色的原因,地质学家的说法有很多,但是大多数都认为这与它的成分有关。艾尔斯岩实际上是岩性坚硬、密度较大的石英砂岩,岩石表面的氧化物在一天阳光的不同角度照射下,就会不断地改变颜色。因此"多色的石头"并不是什么神秘的法术,只是大自然的造化罢了。

知识宝库

砂岩是沉积碎屑岩的一种。由砂粒经胶结而成,砂粒含量应占50%以上,其次为胶结物、基质和孔隙。砂粒的成分主要是石英,其次是长石及各种岩屑,有时含云母、绿泥石及少量重矿物。

大堡礁

PIN DU BAI KE

举世闻名的大堡礁是世界上最长、最大的珊瑚礁区。那里景色迷人、风光绮丽，有着绚丽多彩、造型各异的珊瑚，鱼群畅游其中、悠游自在。因此，大堡礁有着"透明清澈的海中野生王国"的美誉。

大堡礁又称为"透明清澈的海中野生王国"，位于澳大利亚东北岸。它是世界上最长、最大的珊瑚礁区，也是世界七大自然景观之一，同时是澳大利亚人最引以为自豪的天然景观。1981年整个区域都被划定在《世界遗产名录》中。

大堡礁位于太平洋珊瑚海西部，北面从托雷斯海峡起，向南直到弗雷泽岛附近，沿澳大利亚东北海岸线绵延两千余千米，总面积达8万平方千米。北部排列呈链状，宽16~20千米；南部散布面宽达240千米。

大堡礁由三百五十多种绚丽多彩的珊瑚组成，造型千姿百态。落潮时分，部分珊瑚礁露出水面形成了珊瑚岛。在礁群与海岸之间是一条海路。这里虽然景色迷人，可是水流异常复杂，险峻莫测。这里有世界上最大的珊瑚礁，还有一千五百多种鱼类，四千余种软体动物，二百四十多种鸟类，这里还是某些濒临灭绝动物物种的栖息地。

大堡礁群中的珊瑚礁有鹿角形、灵芝形、荷叶形、海草形；有红色的、紫色的、黄色的、粉色的、绿色的，色彩斑斓。这一切构成一幅千姿百态的海底景观。珊瑚栖息的水域颜色从白、青到蓝靛，绚丽多彩。在这里生活着大约一千五百多种热带海洋生物，有海蚕、海绵、管虫、海葵、海胆、海龟，以及蝴蝶鱼、鹦鹉鱼、天使鱼等各种热带观赏鱼。

面对如此美丽的自然奇景，人们不禁想问，这些珊瑚礁是怎么形成的呢？不可思议的是，营造如此庞大"工程"的"建筑师"竟然是直径只有几毫米的珊瑚虫。

珊瑚虫色泽美丽,体态玲珑,只能生活在全年水温保持在 22℃~28℃的水域,而且对水质的要求很高。由此看来,澳大利亚东北岸外大陆架海域正是珊瑚虫繁衍生息的理想之地。

珊瑚虫食浮游生物,能分泌出石灰质骨骼。它们群体生活,老一代珊瑚虫死后留下遗骸,新的一代就继续发育繁衍,就像树木抽枝发芽一样,向高处和两旁发展。就这样日积月累,年复一年,珊瑚虫分泌的石灰质骨骼,连同贝壳、藻类等海洋生物残骸胶结在一起,堆积成一个个珊瑚礁体。

珊瑚有淡粉红、深玫瑰红、黄蓝相间的颜色色,异常鲜艳。

珊瑚礁是在不断生长的,新珊瑚礁露出水面后很快就盖上一层白沙,上面马上长出植物。最先在珊瑚礁上生长的植物,它们的繁殖速度十分惊人。结出的耐盐果实甚至可以在水上漂浮数月,漂到适合的地方,生根发芽,为其他植物的生长铺平道路。

而海洋风暴和旋风在不断地破坏和侵蚀珊瑚礁。珊瑚虫是一种动物,相应地就会有吃珊瑚的动物,例如鹦嘴鱼和刺冠海星。刺冠海星往往把腹腔吐出来贴在珊瑚礁上,慢慢把它消化掉。而刺冠海星的数量会周期性地剧增,甚至可以把整片珊瑚礁吃得一干二净。

大堡礁地区属热带气候,主要受南半球气流控制。那里有温暖醉人的阳光,有沁心润肺的新鲜空气,有湛蓝发光的大海,还有美味海鲜,因此吸引了世界八方游客来此猎奇观赏。

除此之外,还有不少的迷人景点和景观,如:海中观景,可以乘坐透明的观光船置身海中,欣赏色彩斑斓的珊瑚和鱼儿,也可以乘坐潜艇或亲自潜水至海里,体会在海里与鱼虾共舞的乐趣;在旖旎的珊瑚岛上徜徉,一边欣赏着珊瑚岛天堂般的美景,一边享受绮丽的热带风光。

知识宝库

托雷斯海峡位于澳大利亚和新几内亚岛之间。因西班牙航海家托雷斯于 1606 年首先到此考察而得名。东连珊瑚海,西通阿拉弗拉海。长约 130 千米,宽 59~170 千米。海峡南浅北深,平均水深 50 米,最浅处仅 14 米。

大堡礁地势十分险峻,周围建有大量的航标灯塔,有的至今仍发挥着作用,而有些已成为著名的历史遗址。这些航标灯塔也已经成为一道观赏的景观。

弗雷泽岛

PIN DU BAI KE

弗雷泽岛与其他小岛迥然不同，它色彩斑斓，给人一种童话般的奇妙感觉。岛上气候湿润、景致优美，散发着勃勃生机。在这样一片安宁绝美的乐土上你会找到心底最美的风景。

弗雷泽岛绵延于澳大利亚昆士兰州东南海岸，在布里斯班东北边，长 122 千米，面积约一千六百二十平方千米，是世界上最大的沙岛。移动的沙丘、彩色的砂石悬崖、生长在沙地上的雨林植物、清澈见底的海湾、绵长的白色海滩和世界上半数的淡水沙丘悬湖，构成了这个岛屿独一无二的景观。

弗雷泽岛是由数百年前大陆南方的山脉受风雨侵蚀而形成的。风把细岩石屑刮到海洋中，岩石屑又被洋流带向北面，慢慢沉积在海底。冰河时期海面下降，沉积的岩屑露出海面，被风吹成大沙丘。后来海面回升，洋流带来更多的沙子。植物的种子被风和鸟雀带到岛上，并开始在湿润的沙丘上生长。植物死后形成了一层腐殖质，使较大的植物可以扎根生长，沙丘便被固定住了。现在，全岛均是金黄色的沙滩和沙丘。

弗雷泽岛不同于一般的沙丘小岛，沙丘有黄色、褐色、茶色和红色，色彩迷人，形状各异，给人一种童话般的感觉。岛上的沙丘有的是经过 70 万年地质变化形成的，有的是近千年经海水冲刷堆积而成。弗雷泽岛上遍布着广阔的原始热带雨林，这是世界上唯一被发现的生长在沙滩上、高度超过 200 米的热带雨林植物。另外在岛上还分布着四十多座大小不等的沙丘悬湖，构成了独特的大自然奇观。

弗雷泽岛的雨量异常充沛，年降雨量可达 1 500 毫米。因此在岛上形成了一个巨大的

弗雷泽岛上的沙丘，形状各异，色彩斑斓。沙丘中的低洼处形成了隔水层，在阳光的照射下，闪出耀眼的光彩。

凤头鹦鹉是一种头顶长有冠羽的鹦鹉，大多数种类的凤头鹦鹉是白色的。它们的分布比其他鹦鹉类群来的狭窄，主要生活在澳大利亚及其邻近岛屿。

澳洲野狗是一种中等大小的灰狼亚种，具有优雅的长脚，动作非常敏捷，其运动、速度和耐力都极优秀。澳洲野狗主要栖息于热带森林、草原、沙漠、高原等自然环境中，适应能力非常强。

淡水池，蓄水量约两千万立方米。沙丘之间还有四十多个淡水湖，其中包含了世界上一半的静止沙丘湖泊，这大大促进了沙丘植物的兴衰循环。布曼津湖，这个世界上最大的静止湖泊是弗雷泽岛最美丽的地方之一。

在高达240米的悬崖后面生长着种类繁多的植物。上面森林茂密，喜欢潮湿的棕榈和千层树在积水的地方生机勃勃；柏树、高大的桉树、成排的杉树，以及非常珍贵的考里松也都在此"安家落户"。这些林地成为很多动物的家园。地鹦鹉、葵花凤头鹦鹉和大地穴蟑螂是岛上的常住"居民"，因为在这里它们少有天敌。岛上的哺乳动物数量很少，但是这里却是澳洲野狗在澳大利亚东部的唯一栖息地。岛上的沙丘湖由于纯净度高、酸性强、营养含量低，很少能见到鱼类和其他水生生物。弗雷泽岛的高潮与低潮之间有大片的浅滩，这些浅滩为过往的迁徙水鸟提供了最好的中途栖息地。岛上的小湖和溪流成为野生动物

的饮水源，这些动物中还包括澳大利亚野马。

弗雷泽岛东海岸美丽的海滩绵延70千米是岛上风景最美丽的地方。岛上的几个湖泊美得令人感觉如入幻境。最有代表性的是马凯斯湖，蓝色的湖水层次分明，与纯白色的沙滩构成一幅美丽的图画。马凯斯湖附近的小道可供游人散步并观赏热带雨林迷人的风姿。弗雷泽岛度假村的硬木地板和屋顶檩条使游人感觉到它的与众不同。温馨的氛围使游人有在家中一般轻松自在的感觉。同样是安宁绝美的所在，同样是遗世独立的乐土，弗雷泽岛仿佛比天国更暖和、更湿润，而且色彩鲜明，生机勃勃。

知识宝库 澳洲野狗在英语中有一个专门名词"Dingo"。弗雷泽岛作为澳洲野狗在澳大利亚东部的唯一栖息地，吸引了科学家的注意。经过比对DNA研究发现，澳洲野狗的祖先是5 000年前被带到该大陆的印度尼西亚家养宠物狗。

昆士兰

PIN DU BAI KE

昆士兰州占据了澳大利亚 1/4 的领土，拥有众多的旅游景点，尤以黄金海岸的蔚蓝海水、细白沙滩，以及举世闻名的大堡礁和北区的热带雨林吸引了世界众多的游客。

"阳光是属于澳洲人的"，你听过这个说法吗？澳洲人对于阳光的热爱程度，的确让其他国家的人望尘莫及。在澳洲的阳光之州——昆士兰，你就更能体会到当地人对于阳光的酷爱。

昆士兰位于澳大利亚东北部，是澳大利亚的第二大州，首府是布里斯班。全州面积为 173 万平方千米，占全澳大利亚面积的 1/4。西部 2/3 为平原，东部 1/3 为丘陵或山地，大分水岭纵贯全州。昆士兰州阳光明媚、气候温暖宜人，并赢得"阳光之州"的美称。

昆士兰属于亚热带气候，拥有丰富的自然资源和各种不同的自然环境。东部沿海多雨林，往西有澳大利亚国树——桉树，再往西则有澳大利亚国花——金合欢。动物种类繁多，你可以看到针鼹和鸭嘴兽这两种稀有的卵生哺乳动物。因而生态旅游也是昆士兰州的特色之一。

布里斯班是一座美丽的城市，布里斯班河穿过市区。不远处的库斯山是假日休闲的旅游度假区，从山顶可俯瞰布里斯班市的全景。

黄金海岸是世界著名的旅游景区，地处布里斯班市以南约七十千米处，40 千米长的金色沙滩为这个城市带来了"黄金海岸"这一美丽的名字。实际上，这个城市也不徒有世界著名旅游胜地的美称。区内著名的旅游景点有电影世界、海洋世界、梦幻世界、鸟园、滑浪者天堂等等。

黄金海岸是澳大利亚的假日游乐胜地，这里有明媚的阳光、连绵的白色沙滩、湛蓝透明的海水、浪漫的棕榈林，来这里旅游度假的人们更为这里增添了不少生机和动感。

昆士兰州拥有温暖的气候、自然的风光，在这里可以乘游轮观赏景色、潜水、滑浪、钓鱼、激流泛舟、高空跳伞、热气球升空、骑马，让不同的人都可以在昆士兰找到不同的乐趣。

阳光海岸坐落在布里斯班市的北部,也是著名的旅游景区之一,海底世界、菠萝园、努萨海滩等著名的旅游景点坐落于此。还有小城卡伦德拉,它在土著语中意为"美丽的地方"。区内还有众多的国家公园。

弗雷泽岛是澳大利亚世界文化遗产保护区之一,岛长 122 千米,是世界上最大的沙岛,也是澳大利亚东部沿海最大的岛屿。这里的度假区既保留了原始的自然野生状态,又建有完备的旅游设施。游客可在此居住,也可租用四轮驱动车环游全岛。岛内有四十多个风景秀美的淡水湖,也有色彩斑斓的沙山。赫维湾是前往弗雷泽岛的必经之地,同时,也有很多游船供游人出海赏鲸及垂钓。

被称为"澳大利亚牛肉之都"的罗克汉普顿是本地区的大镇,人口有五万多。这里有艺术馆、土著文化中心等景点。但更重要的是,它是通往大克佩尔岛的必经之路,游客可乘船由劳斯林湾前往大克佩尔岛。该岛是受年轻人青睐的疗养胜地,岛内共有 17 个海滩,其迷人的风景令游人流连忘返。

麦凯是著名的甘蔗种植地,是昆士兰地区较大的城市,人口七万多。从这里出发可前往云格拉国家公园以及开普希尔斯伯勒国家公园,也可乘坐游船出海到克雷德林珊瑚礁观赏大堡礁的美景,还可乘船去惠森迪岛游览。惠森迪岛位于麦凯和伯温之间的外海中,位于麦凯东北 32 千米,清澈的蓝色海水、茂密的森林及与世隔绝的度假胜地形成了惠森迪岛独特的风景。

汤斯威尔位于布里斯班北部约一千四百千米的地方,人口约有十万,这里有很多的热带植物,到处洋溢着热带风情。主要旅游景点有大堡礁仙境、皇后花园、凯斯尔山。

知识宝库

桉树又称"尤加利"。常绿乔木,树皮粗厚,或平滑而年年脱落。有挥发性芳香油。

金合欢又称"鸭皂树"。灌木或小乔木,有刺。枝略呈蜿蜒状。春夏开花,花黄色有香气。

沙克湾

PIN DU BAI KE

沙克湾号称庞大的水生生物之家，被海岛和陆地所环绕，以三个无可比拟的自然景观而著称。它拥有世界上最大、最丰富的海洋植物标本及世界上数量最多的儒艮和叠层石。

沙克湾位于澳大利亚西部城市伯斯以北800千米处。这里是澳大利亚大陆的最西端，面积约两万两千平方千米。1991年联合国教科文组织将沙克湾作为自然遗产，列入《世界自然遗产名录》。

沙克湾的意思是"鲨鱼湾"。它由南北走向的平岛和岛屿群组成，海岸线长达1 500千米，最高处高达200米，是全澳大利亚最高的海岸线。沙克湾内有世界上最大的鱼类——鲸鲨。鲸鲨与其他鲨鱼不同，它性情温和、体形巨大，长度一般超过20米，主要以进食浮游生物为生。

沙克湾地处热带和亚热带之间，给海洋动物提供了良好的生存环境，是各种洄游性鱼类的必经之处。比如座头鲸每年冬季从南极海域北上，9月前后在海湾内寻找配偶、繁衍后代。沙克湾内生长着12种海藻，海藻的分布面积广阔，总面积达4 800平方千米。

沙克湾还有一种珍稀动物——儒艮，它们定期浮出水面呼吸，常被人认作"美人鱼"，给人们留下了很多美丽的传说。这里是世界上儒艮的最大产地，大约有一万多头。儒艮别名"人鱼"，属于儒艮科，又叫"海牛"，是大型哺乳动物，全身有稀疏的短细体毛，没有明显的颈部，头部较小，上嘴唇似马蹄形，吻端突出有刚毛，两个近似圆形的呼吸孔并列于头顶前端，无外耳郭，耳孔位于眼后。无背鳍，鳍肢为椭圆形，尾鳍宽大，左右两侧扁平对称，后缘为叉形，鳍肢的下方有一对乳房，背部以深灰色为主，腹部颜色稍淡。儒艮体长可达4

米,性情温和,胆子很小,雌性儒艮寿命可达 70 岁。儒艮的身体呈纺锤形,体重 300~500 千克。儒艮为海生草食性兽类,其分布与水温、海流,以及作为主要食物的海草分布有密切关系。其多在距海岸二十米左右的海草丛中出没,有时随潮水进入河口,取食后又随退潮回到海中,很少游向外海。以 2~3 头的家族群活动,在隐蔽条件良好的海草区底部生活。

产于澳大利亚的海龟大多是食肉动物,大规模的海龟聚集从 7 月底才开始,尽管海龟的繁殖季节通常是在此之后。传统上,海龟和儒艮是其产地的土著居民餐桌上的佳肴。但在沙克湾地区,这两种动物并没有受到它们在世界其他地区所受到的生存压力。

宽阔的珊瑚丛是水下观赏的一大美景。珊瑚礁块的直径大约有五百米,其间充斥着众多的海洋生物。无数色彩斑斓的珊瑚竞相映入人们的眼帘,蓝色、紫色、绿色、棕色等等,真是美不胜收。

沙克湾拥有面积最大的海草平原。在其他地区,通常只有一两种海草分布于很大的地理区域内,但在沙克湾地区有十几种。海洋公园和在科学上具有重要意义的海草平原是沙克湾这一世界自然遗产的重要组成部分。

沙克湾地区的海湾、水港和小儒艮岛支撑着一个庞大的水生生物世界,海龟、鲸、对虾、扇贝、海蛇和鲨鱼在这个地区都是很常见的水生生物。珊瑚礁、海绵和其他的无脊椎动物以及热带和亚热带鱼类形成一个很独特的生态群落。但是在沙克湾这个生态系统中最为基础的支撑还是"海草牧场"。

沙克湾内有许多浅水地区,这些地区是进行跳水和潜水的良好场所。

知识宝库

鲸鲨一般长 10 米,口巨大,鼻孔位于吻端两侧,牙齿细小而多,鳃孔宽大,背鳍、尾鳍宽短而胸鳍宽大。其体表呈灰褐、赤褐或青褐色,有许多黄色斑点和条纹。

罗托鲁阿

PIN DU BAI KE

罗托鲁阿虽是一座工业城市，但因它地处火山多发地带，多天然温泉，吸引了众多的旅游爱好者。森林、湖泊和火山交织出一幅独特的画面，使罗托鲁阿成为自行车的车手和徒步旅行者的理想之地。

罗托鲁阿，又译"罗托鲁瓦"，意为"双湖"，是新西兰北岛中北部的一座工业城市。它位于罗托鲁阿湖南岸，距奥克兰市221千米。此地多天然温泉，是新西兰土著毛利人聚居的地方，也是著名的旅游胜地。它有独特的火山地貌，温泉遍布，还拥有生机勃勃的毛利文化以及众多探险活动，吸引了游客纷纷前来观光旅游。

罗托鲁阿最美丽的景观在法卡雷瓦雷瓦森林公园内，它以地热名胜享誉世界。游客在此可观赏间歇喷泉、沸腾的潭水和硅石阶地。

罗托鲁阿成为新西兰旅游业的发祥地始于18世纪。从那时起，熔岩台地地貌就吸引了世界各地的旅游爱好者，这种粉红与白色相间的地貌是由于二氧化硅喷流进火山湖里所形成的。火山爆发形成了众多的火山口，其中比较典型的就是罗托玛哈纳湖。火山喷发而形成的迷人的怀旺格火山谷成为人们向往的胜景。塔拉威拉火山见证了新西兰的历史，并在罗托鲁阿的历史中占有重要的位置。

令罗托鲁阿的当地人引以为傲的是被称为"五种活力"的五种情趣。第一，能感觉到地球的巨大能量，能从地面的气孔中听

毛利文化村将毛利人的古老房屋经过修缮后集中在这里，村的中央有一处展览所，内部陈列了毛利人独特的雕刻品，是游客了解毛利族文化的最佳场所。

法卡雷瓦雷瓦地热保护区是离市中心最近的地热区，也是最主要的地热名胜。其中，"浦湖渡"间歇喷泉是几处喷泉中最大的一处，每天约喷发10~25次，喷发高度通常为16~20米，有时可高达30米。

到蒸汽和温泉发出的嘶嘶声。第二，当你来到一个毛利村寨观看了赏心悦目的传统毛利表演后，你就能体会到毛利文化的勃勃生机。第三，能洗天然温泉，它能放松你疲惫的身心，使你整个身心重新焕发活力。第四，还可以探险、钓鱼、划独木舟、游泳、骑山地车去感受别样风情。第五，最刺激的挑战当数跳伞、乘喷射快艇和玩滚人球等极限活动活力。

罗托鲁阿的地下土层在不停地运动着，因此地表各种奇异的地貌景观也处于活动状态。经过上百万年的火山运动，形成了山脉、湖泊和巨大的地热活动带，景观别致而美丽。罗托鲁阿是一座典型的地热城市，大自然的能量源源不断地从地球内部释放出来。在距市中心大约只有几百米的地方，就能看到从地表喷出的热水间歇泉、不断涌出气泡的泥浆池、五彩缤纷的硅石台地和数座巨大的死火山等景观。

罗托鲁阿东南 90 千米处有一座费利纳基森林公园，位于 38 号国道旁边。这里有许多已有上百年树龄的参天大树，因而该公园被誉为"远古森林"。到这里人们可以参观巨大的罗汉松及被河流冲断的远古时期的熔岩流和洞穴。

除了有令人惊叹的自然景观以外，罗托鲁阿还拥有丰富的文化历史遗产。罗托鲁阿市是新西兰毛利族特拉瓦部落中心。市内建有毛利博物馆、毛利工艺研究所雕刻中心、雕琢华丽的毛利会堂和颇具民族特色的毛利村寨。来这里参观可以向毛利艺术大师学习传统的毛利雕刻及编织技艺；可以品尝用传统方法烹制的现代食物；还可以和毛利朋友们一起尽情唱歌跳舞，享受异国风情。

知识宝库

温泉的水多是由降水或地表水渗涌入地下深处，吸收四周岩石的热量后又上升流出地表的。有些温泉的形成与近期火山或岩浆活动有关。含有特殊成分而对人体具有医疗作用的温泉称矿泉。

卡卡杜国家公园

PIN DU BAI KE

卡卡杜国家公园地处北部地区首府达尔文市东部220千米处。这里以前曾经是一个土著自治区,1979年被划为国家公园。

卡卡杜国家公园占地约2万平方千米,凭借苍翠葱郁的原始森林、大量稀有珍贵的野生动物、保存着2万年前的山崖洞穴间的原始壁画而举世闻名,成为一处集现代人保存的一份丰厚的文化遗产和新开发旅游资源为一体的游览区。

公园独特的地表形态是这里自然景观形成的重要原因,这里不但有古老的特征还有现代的活动地貌。这里最古老的岩石年龄超过20亿年。公园绝大部分的土地经历过严重的风化、淋滤。公园里有四种主要的土地类型。阿纳姆高原西缘是奇丽险要的悬崖峭壁、飞流直下的瀑布和诡秘幽深的洞穴。悬崖绝壁长有五百多千米,高度在30~330

米之间。这是因为具有比较强的抗风化能力的石英砂岩覆盖在抗风化能力较弱的岩石上,底下岩石由于侵蚀作用而变得疏松,上覆砂岩也因被破坏最终垮塌。因此形成许多陡壁和洞穴,这些岩石上和洞穴里有许多当地土著居民绘制的岩画。这种错综复杂的岩石垮塌生成了众多的小生态环境,所以高原生物群的生态类型复杂多样,包括了许多与众不同的物种组合,其中有一些是冰川时期的孑遗分子。悬崖地区的水生生态环境在旱季是淡水鱼类的重要避难所,而且有几种鱼的分布范围还非常有限。高原上的大多数晚白垩纪岩石被冲刷掉后,就露出下面抗风化能力较强的层状石英砂岩,所以形成现在崎岖不平的地貌。高原的大部分地区少有土壤,地表是裸露的道路和砂岩露头。高原的顶部有土壤,有的地区土壤厚度高150厘米之多。但是在高原的峡谷中却散布着许多零星的土地,正是这些土地为雨林和古老的孑遗物种提供了生存空间。山丘和盆地多数在公园的南部,这些山丘形成了现代的侵蚀面。活动断层造成的构造三角面和构造斜面也分布在这些山坡上。这些构造面之间被一些距离不等的冲积扇

卡卡杜国家公园位于澳大利亚领土的北部，是考古学和人种学唯一保存完好的地方，而且连续有物种栖居长达 40 000 多年。山洞内的壁画、石雕和考古遗址体现了那个地区从史前的狩猎者和原始部落一直到仍居住在那里的土著居民的技能和生活方式。这是一个很有代表性的生态平衡的例子，其中还有那些潮汐浅滩、漫滩、低洼地和高原，给那些大量的珍稀动植物提供了优越的生存条件。

——世界遗产评定委员会

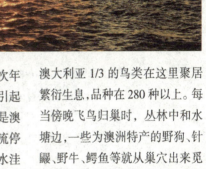

所分割。大面积平缓起伏的低地平原位于达尔文盆地和阿纳姆地区之间。沿岸河流平原地带是河流和潮汐共同控制的地带。它们形成了如今的地表形态，而且也是不断变化的地表形态。这里的热带季风气候分为显著的雨季和旱季两种，气候对这里的水文地理特征、植被、土地样式起重要影响。约 90% 的降水多集中在 11 月到次年的 4 月之间的雨季，局部的雷暴、季风造成的低气压引起的暴雨、热带飓风活动是这种气候的典型特征。这里是澳大利亚降雨最多的地区之一。到了旱季的末期，水流停止，在河流达到了最高水位的地方，形成了一系列浅水洼地和其他形式的干涸河道。

公园内植物类型多种多样，超过 1 600 种，这里是澳大利亚北部季风气候区植物多样性最高的地区。尤其特殊的是阿纳姆西部砂岩地带的植物种类更多，这里有许多地方性属种。最近的研究认为，公园内大约有 58 种植物具有重要的保护价值。植被大致划分为 13 个门类，而又有 7 种桉树的独特种属占优势。这里还有澳大利亚特有的大叶樱、柠檬桉、南洋杉等树木，以及大片的棕榈林、松树林、橘红的蝴蝶花树等等。

保护这里的动物群不论对于澳大利亚还是对于世界都具有极为重要的意义。这里的动物种类繁多，是澳大利亚北部地区的典型代表。公园中有 64 种本土生长的哺乳动物。比澳大利亚已知的全部陆生哺乳动物的 1/4 还多。

澳大利亚 1/3 的鸟类在这里聚居繁衍生息，品种在 280 种以上。每当傍晚飞鸟归巢时，丛林中和水塘边，一些为澳洲特产的野狗、针鼹、野牛、鳄鱼等就从巢穴出来觅食，于是又出现一幅弱肉强食的自然进化图。

公园内的许多洞穴里有着大量不同风格的绘画艺术。在阿纳姆高原地带这种洞穴最多，有些的年龄达 18 000 年之久。古代文物、一千多个考古遗址、土著居民的文化和大约七千多个艺术遗址使这里远近闻名。通过遗址发掘，还找到了澳大利亚人类最早生活的证据，为澳大利亚的考古学、艺术史学和人类史学提供了珍贵的研究资料。

ⓒ 崔钟雷　2011

图书在版编目(CIP)数据

绝美的地球奇观胜景 / 崔钟雷编. —沈阳：万卷
出版公司，2011.11（2019.6重印）
（品读百科）
ISBN 978-7-5470-1780-7

Ⅰ.①绝…　Ⅱ.①崔…　Ⅲ.①名胜古迹－世界－少儿
读物②自然保护区－世界－少儿读物　Ⅳ.①
K917-49②S759.991-49

中国版本图书馆 CIP 数据核字（2011）第 217075 号

品读百科

出版发行：北方联合出版传媒（集团）股份有限公司
　　　　　万卷出版公司
　　　　　（地址：沈阳市和平区十一纬路 29 号 邮编：110003）
印 刷 者：北京一鑫印务有限责任公司
经 销 者：全国新华书店
开　　本：690mm×960mm　1/16
字　　数：100 千字
印　　张：7
出版时间：2011 年 11 月第 1 版
印刷时间：2019 年 6 月第 3 次印刷
责任编辑：丁建新
策　　划：钟　雷
装帧设计：稻草人工作室
主　　编：崔钟雷
副 主 编：刘志远　黄春凯　翟羽朦
ISBN 978-7-5470-1780-7
定　　价：29.80 元

联系电话：024-23284090
邮购热线：024-23284050/23284627
传　　真：024-23284448
E－mail：vpc_tougao@163.com
网　　址：http://www.chinavpc.com